„Ich *wollte* ja nichts als das zu *leben* versuchen, was von selber aus *mir heraus wollte*. Warum war das so schwer?“

Hermann Hesse

Dr. med. Mirriam Prieß

Finde zu dir selbst zurück!

Wirksame Wege aus dem Burnout

südwest

Inhalt

Vorwort

Wer sein Leben in Gesundheit, Zufriedenheit und beständiger Leistungsfähigkeit gestalten will – wer überhaupt *leben* will –, der kommt nicht umhin, sich die Frage nach sich selbst zu stellen. Langfristige Gesundheit und Leistungsfähigkeit setzen Identität voraus. Nur wer ein Leben lebt, das ihm auch in seinem Wesen entspricht, kann gesund und zufrieden sein. Dieses Buch ist für diejenigen geschrieben, die sich auf die Suche danach machen wollen, weil sie ahnen, dass sie sich verloren haben. Die merken, dass sie ein Leben fern von sich selbst leben, die spüren, dass sie aufgehört haben, sich zu spüren. Die erkennen, dass sie funktionieren – aber nicht leben. Wer sich selbst finden will, der kann dies nur, wenn er sich auf die Suche nach seiner inneren Wahrheit und nach der Wirklichkeit des Lebens macht. Viele, die sich auf die Suche nach sich selbst machen, tun dies nur halbherzig, weil sie Angst haben herauszufinden, was tatsächlich ist. Der zu werden, der man ist, erfordert Mut, Kraft, Stärke und Vertrauen. Es erfordert Mut, sich existenzielle Fragen zu stellen – nicht, um alles aufgeben zu müssen, und doch, um herauszufinden, wer man wirklich ist. Es erfordert Kraft, sich von dem zu verabschieden, was nur in der eigenen Vorstellung und Überzeugung, nicht aber in der Wirklichkeit existiert. Es erfordert die Stärke, eigene wie äußere Widerstände zu überwinden und für das, was ist, einzutreten. Und es erfordert das tiefe Vertrauen, dass dies am Ende immer auch gut und richtig ist.

Identität entsteht niemals über Nacht. Gerade dann nicht, wenn man jahrelang ein Leben fern von sich selbst gelebt hat. Der Weg zu sich selbst ist immer eine Reise. Eine Reise, die stetig tiefer führt, je weiter man sie geht. Eine Reise, die Höhen besitzt und manchmal in Abgründe führt, die Stillstände und Durststrecken und immer wieder auch Rückschritte beinhaltet. Sind Sie stark genug, sich davon nicht beirren zu lassen, sondern unermüdlich Ihr Ziel zu verfolgen? Sind Sie bereit anzuerkennen, dass gesundes Leben wesentliche Substanz braucht und niemals auf Illusionen gebaut werden kann, und sind Sie bereit, den notwendigen Preis dafür zu zahlen, weil Sie spüren, dass der Preis viel höher ist, den es Sie kosten würde, wenn Sie dies nicht täten? Den Preis von Erschöpfung und Krankheit. Von Unzufriedenheit und Resignation. Den Preis eines nicht gelebten Lebens.

Dieses Buch ist für diejenigen, die sich von all ihren Zwängen und Unterdrückungen befreien wollen, die tief in sich spüren, dass die Kraft im eigenen Wesen liegt und dass das Leben gut ist, wenn man es in seinem Wesen erkennt und dementsprechend lebt. Die ahnen, dass das Leben unerschöpflich viel zu bieten hat – wenn man es nur richtig nutzt. Es ist für diejenigen, die ihren Blick für das Wesentliche öffnen wollen, um am Ende ihres Lebens zufrieden zurückzublicken, in dem Wissen: Das war *ich* – ich habe gelebt!

1. Kapitel
Leben oder funktionieren?

Erst Leid führt zur Veränderung

„Wer leben will, der kann dies nicht ohne sich tun."

Haben Sie sich schon einmal gefragt, ab wann Menschen wirklich bereit sind, sich infrage zu stellen? Sich und ihr Leben? Wann beginnen Menschen, sich auf die Suche nach sich selbst zu machen? Wissen Sie noch den Moment, in dem Sie begonnen haben, sich die Frage nach sich selbst zu stellen?

Bei den meisten ist dies leider erst dann der Fall, wenn sie beginnen, an unterschiedlichen Symptomen zu leiden. Sei es an körperlichen Krankheiten, einer wachsenden Erschöpfung, wenn sie eine zunehmende Unzufriedenheit und innere Leere verspüren oder aber auch, wenn das eigene Leben beginnt, im Außen zusammenzubrechen, in Lebenskrisen und Konfliktsituationen. Meist wird in unserer Gesellschaft die Frage nach sich selbst, die Frage nach der eigenen wahren Identität, erst unter größter Bedrängnis, im Falle massiven Leids gestellt – dann, wenn das Kind bereits in den Brunnen gefallen ist. Die wenigsten machen sich vorher bewusst Gedanken über die eigene Wahrheit und das eigene Wesen. Wer fragt sich schon in jungen Jahren, ob er mit sich im Dialog steht? Ob das, was er tut, ihm auch tatsächlich entspricht – oder möglicherweise nur einer Vorstellung, die man von sich hat? Und wer stellt sich diese Fragen im Alltag seines Lebens, ohne dass es ihm wirklich „schlecht" geht? Wer fragt sich schon zu Beginn seines Lebens, wenn es in den sechs zentralen Lebensbereichen Entscheidungen für das ganze Leben zu treffen gilt, ob sie dem eigenen Wesen entsprechen oder ob man nicht vielmehr aufgrund von Prägungen und inneren Realitäten handelt? Und wer stellt sich diese Frage im Alltag seines weiteren Lebens? Die meisten sind der Überzeugung, dass alles in Ordnung ist, solange keine massiven Symptome auftreten. Wir leben nach wie vor in einer Gesellschaft, in der Krankheit unser Maßstab ist, nicht Gesundheit. Für Krankheit besitzen wir ein Gespür, aber wissen wir auch, was Gesundheit bedeutet?

Wie häufig halten Sie inne, um sich zu fragen, ob Sie noch mit sich im Dialog stehen? Ob Ihnen das, was Sie tun, auch tatsächlich entspricht?

Die meisten von uns sind der Überzeugung, dass das, was sie wollen, auch richtig ist. Es ist richtig, weil man es ja schließlich auch will. Doch wer ist sich schon bewusst, dass die inneren Inhalte des Wollens keine Garantie dafür sind, dass sie aus dem eigenen Wesen entspringen?

Der überwiegende Teil von uns lebt sein Leben in bester Absicht und Überzeugung von Identität – und dennoch geschieht es, dass viele von uns dann irgendwann feststellen, dass sie sich im Laufe der Jahre ihres Lebens verloren oder möglicherweise noch nie wirklich gefunden haben.

Einige halten dann inne, andere machen weiter. Nicht wenige funktionieren dann in einem Leben, das nicht das Ihre ist. Und leben, ohne wirklich gelebt zu haben.

Leben ist Beziehung

Wissen Sie, wo der meiste Stress entsteht? In Beziehung. Wir sind ständig in Beziehung – ob auf der Straße, ob beim Einkaufen, ob an unserem Arbeitsplatz oder in unserem Privatleben. Und wir stehen ständig in Beziehung mit uns selbst. Beziehung zu sich selbst und eine gute Beziehung zu anderen ist Grundlage für ein gesundes und erfolgreiches Leben. Leben ist Beziehung. Leben ist Begegnung. Wir brauchen Beziehung und Begegnung, um zu leben – und zwar sowohl die Begegnung im Außen als auch im Innen, mit uns selbst. Wir Menschen erfahren uns über Beziehung.

Menschen, die aufgrund eines Burnouts zu mir in die Beratung kamen, gelang dies nicht mehr. Sie verfügten entweder über keine sozialen Beziehungen mehr, lebten entweder in „leeren" Beziehungen oder in überwiegend konfliktreichen. Und niemand, der ausgebrannt war, stand noch in Beziehung zu sich selbst. Die Betroffenen hatten sich also nicht, wie allgemein angenommen, an einer reinen Überlastung oder Stress erschöpft, sondern an der

Tatsache, dass sie die Beziehung zu sich und ihrem Leben verloren hatten und ein Leben fernab ihres wahren Selbst lebten.

Der fehlende Dialog zu sich selbst führte zu immer falscheren, da nicht dem eigenen Wesen entsprechenden Lebensbedingungen, an denen sie sich immer mehr erschöpften und sich und ihr Leben verloren. Fernab von sich selbst funktionierten die meisten in einem Leben, das längst kein Leben mehr war.

Wer leben will, der hat sich die Frage nach dem Wesentlichen zu stellen

Jeder von uns besitzt sein eigenes Wesen, verbunden mit den verschiedenen Bedürfnissen und Notwendigkeiten, die daraus entstehen. Wenn diesem nicht Rechnung getragen wird, dann rächt sich dies früher oder später in Form verschiedener Symptome. Sie können nur in einem Leben, das Ihnen in Ihrem Wesen entspricht, langfristig erfolgreich und gesund bleiben. Wer sich also aus der Erschöpfung befreien und zurück ins Leben finden will, der kann dies nur, wenn er zu sich findet und auf dieser Grundlage für ausgewogene Beziehungen zu seinem Umfeld sorgt.

Doch was heißt es überhaupt, mit sich im Dialog zu stehen?

Wie kommt es überhaupt dazu, dass Menschen ein Leben fern von sich selbst führen, und woran kann man dies erkennen? Was hindert uns daran, unsere wahre Identität zu leben, und wie kann man zu dieser finden?

Dieses Buch soll Ihnen die Möglichkeit bieten, sich auf den Weg zu sich zu machen, und Ihnen Antworten auf die oben genannten Fragen geben. Auf der Grundlage des Dialogprinzips soll es Ihnen zu einer eigenen Bestandsaufnahme verhelfen und Ihnen helfen herauszufinden, was es für Sie konkret bedeutet, in den zentralen Lebensbereichen ein wesentliches und authentisches Leben zu führen. Wer dieses Buch konsumiert und erwartet, am Ende bei sich selbst angekommen zu sein, der sollte es gleich zur Seite legen. Der zu werden, der man ist – zu sich selbst zu finden –, ist nichts, was konsumiert werden kann. Es ist kein Prozess der

Einverleibung von äußeren Dingen, es ist ein Prozess des Dialogs, eine Entwicklung, ein Prozess des Innehaltens, des Erfühlens, des Überlegens, des Versuchens ...

Die Frage nach sich selbst ist weder durch andere noch technisch zu beantworten, sondern nur in menschlicher Begegnung und eigener Erfahrung zu entwickeln.

So werden Sie in diesem Buch auch keine Patentrezepte finden, sondern nur das, was vor diesem Hintergrund möglich ist: Impulse, die Ihnen helfen, den Blick suchend auf sich zu richten, um zu sich und Ihrer wahren Identität zu finden. Dies kann jedoch nur gelingen, wenn Sie sich Zeit für sich und dieses Buch nehmen – und es nicht in einem Schnelldurchlauf in der Suche nach Handlungsanweisungen konsumieren.

Wenn Sie sich die Zeit nehmen, die Fragen in Ruhe zu beantworten, die ich Ihnen während des gesamten Buches stellen werde, dann werden Sie es auch in seiner Möglichkeit zu nutzen wissen, nämlich an zentralen Punkten innezuhalten und den Blick auf sich zu richten. So kann bereits das Lesen des Buches Sie ein Stück näher zu sich bringen. An der einen oder anderen Stelle werden Sie möglicherweise den Eindruck gewinnen, dass sich Inhalte wiederholen. Geben Sie sich die Chance zu erkennen, dass ich Ihnen an diesen Stellen vielmehr die Möglichkeit bieten möchte, einen zweiten Blick auf bestimmte Punkte zu werfen, um weitere Facetten zu erkennen und die Thematik über ihre Oberfläche hinaus verstehen zu können.

Dieses Buch kann eine Reise sein. Eine Reise, die Sie zu Ihnen selbst führt. Sie entscheiden, wie weit und wie tief Sie sich darauf einlassen. Wichtig dabei ist, dass ich Ihnen nur eine Möglichkeit für ein gesundes und erfülltes Leben aufzeige – eine Möglichkeit und kein Gesetz. Sie entscheiden, ob es auch Ihre Möglichkeit ist. Seien Sie sich immer darüber bewusst: Sie können nur in Freiheit und Unabhängigkeit zu sich selbst finden. Die Antwort, wer Sie sind und was für Sie richtig ist, kann Ihnen kein anderer außer Sie sich selbst geben. Suchen Sie also weder nach einem Vorbild noch nach einem Patentrezept, sondern richten Sie den Blick dorthin, wo Sie zu finden sind: in sich. Folgen Sie allein Ihrem eigenen Echo, Ihrem Echo, das auf äußere Impulse hin entsteht, und folgen Sie der Spur zu ihrem Ursprung. Das ist Arbeit, Arbeit, die am Ende jedoch zu einem echten und beständigen Ergebnis führt. Zu Ihnen.

Wer sich finden will, muss den Dialog zu sich aufnehmen

„Ohne inneren Dialog kein wesentliches Leben"

Bevor Sie sich auf den Weg zu sich machen, gilt es sich bewusst zu machen, dass Grundlage für Gesundheit innere und äußere Dialogfähigkeit ist. In dem Buch *Burnout kommt nicht nur von Stress* habe ich beschrieben, wie Krankheit über den fehlenden äußeren Dialog entsteht und welche Symptome auf den verschiedenen Ebenen in den einzelnen Phasen auftreten, wenn ein Mensch ausbrennt. In diesem Buch möchte ich mich verstärkt der inneren Dialogfähigkeit zuwenden, denn in ihr sehe ich die Voraussetzung für ein wesensgemäßes Leben. Der Dialog mit sich selbst verhindert, dass wir uns körperlich erschöpfen, und ist Grundlage für die eigene Resilienz*. Wer mit sich nicht im Dialog steht, verliert nicht nur seine körperliche, sondern auch seine psychische Kraft und Widerstandsfähigkeit und kann auch seiner Umwelt kein dialogfähiges Gegenüber bieten. Doch der innere Dialog ist nicht nur Voraussetzung für ein gesundes und erfülltes Leben, er ist gleichzeitig Grundvoraussetzung für den Weg zu sich selbst. Wer sich selbst finden will, der kann dies nur, wenn er den Dialog zu sich aufnimmt und diesen beständig aufrechterhält. „Aber was heißt dies denn konkret?", fragte ein Partner einer Anwaltskanzlei, der aufgrund eines Burnouts die Beratung aufsuchte. „Muss ich jetzt die ganze Zeit mit mir reden und über mich nachdenken?"

* psychische Widerstandsfähigkeit

„Heißt ‚mit sich im Dialog sein' ständige Selbstumkreisung?", fragte ein Student während eines Seminars. Nein. Beständiger innerer Dialog meint nichts anderes, als dass Sie das tun, was Ihnen entspricht, dass Sie aus sich selbst heraus handeln – natürlich in Anerkennung der Lebensrealitäten um sich herum. Mit sich im Dialog zu sein, ist also ein Selbstverständnis gesunder Lebensführung und eigener Weiterentwicklung, ohne dass Sie darüber ständig nachdenken müssen. Sie leben sich einfach. Mit sich im Dialog sein, bedeutet offen für sich selbst, offen für das eigene Wesen und mit sich selbst in Kontakt zu sein. Wenn Sie mit sich im Dialog sind, wissen Sie um Ihr Maß, Sie wissen um Ihre Grenzen, Sie wissen um Ihre Möglichkeiten und Notwendigkeiten und sind vor diesem Hintergrund besser in der Lage, die Bedingungen um sich herum Ihren Möglichkeiten und Unmöglichkeiten gemäß zu erkennen und dementsprechend wesensgemäß zu entscheiden und zu handeln.

„Wie kann ich lernen, mit mir in den Dialog zu kommen?"

„Woran kann ich erkennen, dass ich mit mir im Dialog bin?"

Die Frage nach sich selbst ist weder durch andere noch durch eine Methode zu beantworten, sondern nur durch eigene Erfahrung und Begegnung zu entwickeln.

Diese Fragen werden mir immer wieder auf Vorträgen, in Interviews und von Betroffenen gestellt, in der vermeintlichen Hoffnung auf ein Patentrezept. So zentral die Notwendigkeit des inneren Dialoges ist, so zentral ist auch die Tatsache, dass niemand außer dem Betroffenen selbst erkennen kann, ob er mit sich im Dialog steht oder nicht, ebenso, wie er letztendlich nur für sich die Frage beantworten kann, wie er mit sich in den Dialog treten kann. Die meisten Menschen, die mit sich nicht im Dialog stehen, tun dies allein schon deswegen nicht, weil sie aufgehört haben, sich zu fühlen. Sie haben eine Vorstellung von sich selbst, nach der sie handeln, oder aber auch eine Vorstellung davon, wie „man" im Leben zu handeln hat. Sie folgen dieser Vorstellung – und sind dabei meist meilenweit von sich selbst entfernt. Der Dialog mit sich selbst findet niemals nur auf der rationalen Ebene statt, denn wir sind weitaus mehr als reiner Verstand. Den Dialog mit sich aufzunehmen heißt immer auch, ins Fühlen zu kommen – es geht nicht nur darum, sich gedanklich mit sich auseinanderzusetzen oder „mit sich zu sprechen", sondern es gilt auch, sich zu fühlen.

Wie die Frage nach sich selbst, so ist auch der innere Dialog nicht über eine Methode herauszufinden, sondern durch eigene Erfahrung und Begegnung allmählich zu entwickeln. Mit sich in den Dialog zu treten und im Dialog zu sein, könnte man mit dem Hören eines Musikstücks vergleichen. Jeder von uns besitzt seine eigene Melodie, die Melodie seines Wesens. Diese gilt es herauszufinden. Zu Beginn werden Sie diese noch nicht kennen, sondern können sich nur an Tönen und Geräuschen orientieren. Folgen Sie, wie in der Musik, den Tönen. Irgendwann wird sich daraus eine Melodie ergeben. Solange Sie aus sich heraus leben, werden Sie diese Melodie „hören", je abgelenkter und ferner Sie von sich selbst sind, umso leiser wird die Melodie werden.

„Da ist kein Zweifel, ich bin vollkommen ruhig, ich bin einfach da, ich stelle nichts infrage", beantwortete ein Geschäftsführer die Frage, woran er erkenne, dass er mit sich im Dialog stehe. „Es ist ein Zustand, in dem ich voller Energie bin, und gleichzeitig fühle ich mich ruhig und gelassen", sagte ein anderer. „Ich mag mich und ich weiß, das ist richtig, was ich mache", antwortete eine Personalleiterin. „Ich kann Ihnen das gar nicht genauer beschreiben, aber ich weiß in diesem Moment einfach, dass ich das bin, was ich da tue. Es geht nicht nur darum, dass ich mich immer wohlfühle, aber ich habe das Gefühl, dass ich einfach da bin." Mit sich im Dialog zu sein heißt, mit sich im Kontakt zu sein, sich in seinem Wesen zu erspüren und danach angemessen zu handeln. Der innere Dialog ist kein Zustand, der zweimal am Tag stattfindet, sondern eine permanente Verbindung zu sich selbst. Es ist nichts anderes als ein immerwährendes Selbstverständnis, sich zu leben.

Leben oder funktionieren – wenn der Dialog verloren gegangen ist

„Leben hört dort auf, wo Funktion beginnt."

Obwohl sich das Prinzip des Dialoges leicht anhört und obwohl jeder rational nachvollziehen kann, was ein Dialog bedeutet, fällt es den meisten schwer, diesen im Alltag auch zu leben. Nicht nur im Außen gelingt es vielen nicht, offen für das Gegenüber zu sein und ihre Position auf Augenhöhe zu vertreten, sondern auch sich selbst zu begegnen ist nicht möglich. „Ich war am Ende nur noch eine Leistungsmaschine", sagte eine 38-jährige Beraterin, die mit 34 in eine tiefe Depression gefallen war. „Ich bin morgens aufgestanden und habe das gemacht, was von mir erwartet wurde. Geleistet. Und zwar auf Anschlag und ohne Unterbrechung. Selbst am Wochenende."

„Wie man mich in meinem Leben beschreiben könnte?", fragte ein Partner einer Wirtschaftskanzlei. „Ich würde sagen: voll auf Autopilot – ich war gar nicht mehr da."

„Am Ende bestand der ganze Tagesablauf aus Funktionseinheiten. Selbst der morgendliche Sport wurde irgendwann zu einer, die ich einfach nur noch abhakte."

„Ich befand mich in einem Modus, in dem ich eigentlich 48 Stunden für den Tag gebraucht hätte", sagte ein Geschäftsführer. „Irgendwann habe ich mich dann zwischen den ganzen Erwartungen von meinem Umfeld verloren – einschließlich meinen eigenen. Es war nur noch ein Erfüllen und Abarbeiten von Dingen." – „Wie viele Stunden am Tag ich eigentlich das gemacht habe, was ich auch tatsächlich wollte", fragte eine Anwältin. „Am Ende? Keine. Wenn es hochkommt, in der Woche vielleicht zwei. Der Rest war Pflichterfüllung."

Haben Sie sich schon einmal gefragt, inwieweit Sie eigentlich noch leben oder inwieweit Sie eigentlich längst angefangen haben, in Ihrem Leben zu funktionieren? Wissen Sie, woran Sie erkennen können, dass Sie, obwohl Sie morgens aufstehen und abends ins Bett gehen, aufgehört haben zu leben?

Die Frage „Funktioniere ich oder lebe ich?“ sollte von Ihnen zuerst beantwortet werden, wenn Sie sich auf die Suche nach sich selbst machen. Wer dieses Wissen nicht hat, wer nicht dazu in der Lage ist zu erkennen, ob er funktioniert oder lebt, der wird sich weder aus seiner Erschöpfung befreien noch seine körperliche und psychische Gesundheit aufrechterhalten noch ein erfülltes und erfolgreiches Leben führen können.

Woran erkennt man, dass man funktioniert und aufgehört hat zu leben?

Das Problem der meisten, die funktionieren, ist, dass sie es gar nicht bemerken. Sie unterliegen nämlich einem entscheidenden Symptom, welches ein zentrales Anzeichen für ein Funktionieren ist, aber das Erkennen dessen gleichzeitig meist auch verunmöglicht.

Die Betroffenen fühlen sich nicht mehr. Dies führt meist dazu, dass sie den Eindruck haben, dass alles gut sei. „Ich fühlte mich ja nicht schlecht“, sagte ein Manager, „deswegen war ich der Meinung, dass alles gut sei. Bis ich herausfand, dass ich mich deswegen nicht schlecht fühlte, weil ich gar nichts mehr fühlte.“

Ein zentrales Merkmal von Funktionieren ist der Verlust von Gefühl.

Wer funktioniert, der fühlt weder sich noch seine Umwelt. Das Leben wird in einem gleichbleibenden Modus abgearbeitet. Alles wird aneinandergereiht bewältigt, ohne daran jedoch teilzunehmen.

„Es war, als wäre ich verschwunden“, sagte ein Manager, „und die meiste Zeit ist mir dies auch gar nicht aufgefallen. Nur manchmal, in kurzen Momenten, traf es mich plötzlich wie ein Blitz. Ich hatte Herzrasen, Schweißausbrüche und habe gezittert. Gefühlt habe ich auch da nicht wirklich, außer vielleicht Panik. Aber die habe ich dann schnell wieder verdrängt und weitergemacht.“

„Es war, als stünde ich neben mir", sagte eine Anwältin. „Ich war die Betrachterin meines Lebens. Ich sah zu, was ich tat, aber ohne jede Art von Emotionen. Im Gegenteil, ich fand es zum Teil sogar sehr amüsant, was sich da so abspielte."

„Ich entwickelte einen richtig beißenden Zynismus", sagte ein erfolgreicher Geschäftsführer. „Mir selbst fiel das meist gar nicht auf. Und wenn es mir auffiel, dann gefiel es mir. Das brachte mir eine gewisse Genugtuung in mein Leben, ein Leben, das ich eigentlich zutiefst hasste, ohne es jedoch zu fühlen. Wenn ich zurückblicke, wollte ich auch gar nicht fühlen. Ich hatte viel zu viel Angst davor. Viel zu viel Angst, diese innere Leere zu spüren, die in mir war, und viel zu viel Angst vor den Konsequenzen, die sich daraus ergeben würden. Und so machte ich weiter und hielt durch."

„Tagsüber war alles gut. Manchmal brach es nachts über mich herein und ich fragte mich, was eigentlich los sei. Ich fand einfach keine Ruhe. Ich lag hellwach da und fragte mich die ganze Zeit, warum ich nicht schlafen konnte."

„Die meiste Zeit stellte ich nichts von dem infrage, was ich tat. Ich tat es einfach", berichtete eine Personalleiterin. „Manchmal, in kurzen Momenten, kam in mir eine tiefe Traurigkeit hoch und ich wusste nicht mit ihr umzugehen. Und so verschwand sie auch genauso schnell wieder, wie sie gekommen war – bis zu dem Moment, wo sie mit aller Kraft über mich hereinbrach und ich nicht anders konnte, als mein Leben anzuschauen, das ich längst verloren hatte."

So verschieden der Mensch ist, so verschieden äußert sich auch das Funktionieren: Bei einigen ist es ein gleichbleibender Modus, bei anderen brechen dann in mehr oder weniger regelmäßigen Abständen Gefühle oder Körpersymptome hervor, die für den Betroffenen überraschend und nicht nachvollziehbar erscheinen.

Erst geht der Dialog verloren, dann kommt das Funktionieren

Jedes Funktionieren beginnt mit dem Abbruch des inneren Dialoges. In dem Moment, wo der Mensch den Dialog zu sich aufgibt, beginnt er, den Grundstein für sein späteres Funktionieren zu legen. Der Abbruch des inneren Dialoges erfolgt meist in den Situationen, in denen wir uns im Außen, ob Situationen, Systemen oder Menschen, fügen, anstatt unsere Position, unsere Identität im Dialog zu vertreten. Das heißt also, in dem Moment, in dem wir im Außen beginnen, etwas gegen unseren Willen zu tun.

In dem Moment, in dem wir Ja sagen, obwohl wir Nein meinen, beginnen wir, den ersten Stein für ein späteres Funktionieren zu legen.

Die äußere Unterwerfung führt zwangsläufig immer zur eigenen Unterdrückung, um im Außen „gute Miene zum bösen Spiel machen zu können", muss gegen sich selbst „angegangen" werden. Der Dialog zu sich selbst geht in dem Moment verloren, in dem Sie beginnen, etwas zu bejahen, was Sie eigentlich verneinen. Jedes Ja, wo eigentlich ein Nein steht – oder umgekehrt –, ist ein Nein zu sich selbst. Ein Nein zu sich selbst ist ein Nein zum eigenen Leben und Grundlage für ein späteres Funktionieren. Mit jedem Nein zu sich selbst schwächen Sie sich und ebnen dabei gleichzeitig den Boden für das nächste Nein. „Irgendwann war es immer leichter, mich den Umständen zu fügen und mich damit abzufinden", sagte eine Personalberaterin. „Habe ich zu Beginn noch gekämpft und gelitten, so ging mir das Ja gegen das, was ich eigentlich wollte, immer leichter über die Lippen. Ehrlich gesagt bekam ich es irgendwann gar nicht mehr mit."

„Ich hatte gar keine Kraft mehr, meine Position zu vertreten. Irgendwie erschien es mir irgendwann einfacher, auch dort zu nicken, wo ich eigentlich nicht nur den Kopf hätte schütteln, sondern deutlich Nein sagen wollen."

„Am Ende war es mir auch egal", sagte eine Personalberaterin, die in einem ungelösten Konflikt mit ihrer Kollegin stand. „Ich habe es dann einfach laufen lassen."

„Na gut", sagte ein Student während einer Gruppendiskussion, „dann machen wir es eben so, damit wir alle heute Nacht ruhig schlafen können."

Jede Ruhe, die dadurch entsteht, dass Sie etwas abnicken, was Sie nicht wollen, ist eine vermeintliche und führt früher oder später ins Gegenteil.

Haben Sie sich schon einmal gefragt, inwieweit Sie „um Ihrer Ruhe willen Ja gesagt haben, obwohl Sie Nein meinten – und welchen Preis Sie dafür gezahlt haben"?

Nichts im Leben geschieht über Nacht – das eigene Leben zu verlieren ebenso wenig. Es ist immer ein Prozess, der manchmal aus großen und weitaus häufiger aus vielen kleinen Tropfen besteht, die irgendwann das Fass zum Überlaufen bringen ...

Ja zu sagen, obwohl man Nein meint

„Aber das tut doch jeder einmal", sagte ein Anwalt. „Das Leben ist kein Wunschkonzert. Man muss sich doch immer bestimmten Situationen im Leben fügen."

Ja, das stimmt, das Leben ist kein Wunschkonzert – doch bedeutet dies automatisch die eigene Unterdrückung? Oder handelt es sich möglicherweise dabei um eine der zentralen Fehlannahmen, die viele, die zu leben aufhören und sich erschöpfen, in sich tragen?

„Es gibt nun einmal viele Situationen, die ich gerne anders hätte", sagte eine Anwältin zu mir, „aber das ist unser System, das kann ich nicht ändern."

„Mein Chef ist vollkommen führungsunfähig", sagte jemand anderes. „Ich weiß, dass er immer falsche Entscheidungen trifft – da kann man doch nur resignieren."

„Es ist einfach nicht auszuhalten, ständig will jemand was von mir", sagte die vierfache Mutter, „aber ich kann meine Kinder ja nicht einfach irgendwo einsperren und sie erst dann wieder rauslassen, wenn ich wieder Kraft habe." Alle drei beschreiben das Dilemma, in dem sich die meisten Menschen auf dem Weg hin zu sich selbst mitten im Leben befinden. In dem Dilemma zwischen eigener Identität und Lebensrealitäten. In dem Dilemma zwischen inneren Bedürfnissen und äußeren Bedingungen und meist der Überzeugung, sich fügen zu müssen.

Gibt es tatsächlich nur die beiden Alternativen: entweder läuft es so, wie ich es will, und wenn nicht, dann muss ich mich eben unterdrücken und „abschalten"?

Weil sie nichts anderes gelernt haben, leben diejenigen, die sich in Ihrem Leben erschöpfen, ihr Leben genau nach diesem Entweder-oder-Prinzip. Entweder ich oder du.

Das Prinzip des Dialoges: Anerkennen, was ist

„Leben kann nur stattfinden, wenn über die Fähigkeit verfügt wird, das eigene Wesen und das Wesen der Umwelt zu erkennen."

Leben findet niemals nur im Innen statt, sondern immer auch im Außen. Nicht nur die innere Dialogfähigkeit ist Voraussetzung für Leben, sondern auch die äußere. Und das bedeutet die Fähigkeit, der Welt offen auf Augenhöhe zu begegnen und auch im Außen anzuerkennen, was ist.

Anerkennen, was ist, heißt, das Wesentliche zu erkennen.

Das Prinzip des Dialoges geht davon aus, dass jeder Mensch und jedes System ein Wesen besitzt und damit verbundene Bedingungen, die nicht zu verändern sind. Auf der Grundlage dieses Wesens entsteht über den Dialog mit der Umwelt die eigene Identität. Diese ist wandel- und formbar, das Wesen an sich jedoch nicht. Gesundes und erfülltes Leben bedeutet die Fähigkeit, das eigene Wesen und das Wesen seines Umfelds zu erkennen und auf dieser Grundlage zu sehen, was veränderbar ist und was nicht. Diese Fähigkeit besitzen nicht viele Menschen, die in die Beratung kommen. Sie erschöpfen sich in einem Kampf gegen Windmühlen, weil sie etwas zu verändern versuchen, was nicht veränderbar ist, und nicht das verändern, was möglich – und nötig – ist. Dies betrifft sowohl sie selbst wie auch die Situationen, in denen sie sich befinden. Es ist genauso vergeblich, sich Bedingungen zu unterwerfen, die dem eigenen Wesen widersprechen, wie sein Gegenüber oder das System, in dem man sich befindet, in seinen wesentlichen Strukturen verändern zu wollen.

Dieses Entweder-oder-Prinzip führt ebenfalls dazu, dass der Weg zu sich selbst häufig als egozentrische Veranstaltung gesehen wird. Waren die Betroffenen vor ihrer Erschöpfung auf der Seite der Unterdrückten, sehen sie auf dem Weg zu sich selbst nun die Heilung im Gegenteil. Viele missverstehen so den Weg zu sich selbst und meinen, man selbst zu sein hieße: Ab jetzt geht es nur noch darum, was ich will und was ich fühle.

Wer meint, der zu sein, der er ist, würde bedeuten, dass dies ein auszuführender Befehl für die Umwelt ist, hat ebenso verloren wie der, der sich durch die Umwelt befehlen lässt, wie er zu sein hat.

Zu sich selbst (zurück)zufinden meint, zu dem eigenen Wesen zu finden – nicht, seinen Willen durchzusetzen. Wer Letzteres meint, der wird scheitern, weil er seinen Willen mit seinem Wesen verwechselt und so sein Wesen verkennt; er wird scheitern, weil er unfähig zu einem äußeren Dialog ist und unfähig zu gesunden Kompromissen.

Leben ist Beziehung. Leben ist Begegnung. Ohne Ich kein Du und ohne Du kein Ich. Ohne Du und Ich kein Wir. Und ohne Wir kein Du und Ich. Leben ist niemals nur Ich. Wer darin sein Heil sieht, wird meiner Erfahrung nach niemals heil werden, sondern weiteres Unheil anhäufen.

Der Weg zu sich bedeutet nicht nur inneren, sondern auch äußeren Dialog

Der Weg zu sich selbst kann nicht in einem Entweder-oder, sondern nur in einem Sowohl-als-auch gelingen, das ist das Prinzip des Dialoges, die Fähigkeit zu gesunden Kompromissen – in Anerkennung dessen, was ist.

Die meisten Dialoge scheitern nicht an dem Wesentlichen – sondern an dem Verwechseln zwischen Wesentlichem und Unwesentlichem. Sie scheitern daran, weil die Betroffenen an etwas festhalten, was nicht notwendig ist. Gesunde Kompromissfähigkeit heißt, auf Unwesentliches verzichten zu können. Es heißt, das Wesentliche zu erkennen und dafür zu sorgen und darüber hinaus zu sehen, was noch möglich ist, in der Bereitschaft, das Unmögliche zu akzeptieren. Solange Sie mitten im Leben und nicht auf einer einsamen Insel zu sich finden und leben wollen, gilt es nicht nur den Dialog zu sich zu suchen, sondern auch den Dialog im Außen zu kultivieren – überall, wo Sie in Beziehung treten. Es gilt also nicht nur, den Blick für das eigene Wesen zu öffnen, sondern auch, Ihren Blick für das Wesen des Lebens zu öffnen, den Blick für das Wesen der Menschen und der Systeme, in denen Sie sich befinden. Wer dazu nicht in der Lage ist, der wird früher oder später in einem Entweder-oder funktionieren oder bestenfalls ein einsames Leben führen.

Die meisten Dialoge scheitern nicht an dem Wesentlichen – sondern an dem Verwechseln zwischen Wesentlichem und Unwesentlichem.

Wenn Sie sich aus Ihrer Erschöpfung befreien und zu sich finden wollen, dann müssen Sie auch in der Lage sein, auf Unwesentliches zu verzichten. Ob Sie das dann am Ende immer auch tun müssen, ist ein anderer Punkt – aber Sie müssen in der Lage sein, dies tun zu können. Das heißt, Sie müssen fähig sein anzuerkennen, dass nicht immer alles möglich ist.

Sie werden immer wieder in Lebenssituationen kommen, in denen Sie das Gefühl haben, zwischen „Cholera und Pest“ wählen zu müssen. Solange es Ihr Wesen nicht angreift, ist es die Abwägung von Konsequenzen und die Frage nach gesunden Kompromissen. Wer z. B. in einem System bleiben will, der hat auch dessen wesentliche Strukturen aktiv auf Augenhöhe zu akzeptieren, anstatt sich diesen resignativ, zu seinem Leid und dem Leid seines Umfelds, zu fügen. Am Ende haben wir immer die Wahl, wie wir uns in den einzelnen Situationen entscheiden. Vor dem Hintergrund, dass Leben „wesentlich sein“ bedeutet, endet die Wahl jedoch in dem Moment, in dem das eigene Wesen bedroht wird.

Es gilt jedoch nicht nur, Nein zu sagen, sondern auch an der richtigen Stelle Ja!

Kennen Sie die Fabel „Der Fuchs mit den Trauben"?

Es war einmal ein Fuchs, der sah schöne Trauben an einer Mauer, die er gern haben wollte. Er versuchte alles Mögliche, um an diese Trauben zu kommen. Er sprach unterschiedliche Tiere an, die ihm helfen sollten, versuchte, selbst die Mauer zu erklimmen – vergeblich. Irgendwann drehte er den Trauben den Rücken zu und verließ den Ort. Auf dem Weg begegnete er einen Hasen, der ihn fragte: „Was ist los? Warum gehst du schon? Ich dachte, du wolltest die Trauben haben?" – „Die sind mir doch viel zu bitter", antwortete der Fuchs und machte sich davon.

Wenn Sie leben wollen, dann setzt dies nicht nur voraus, dass Sie aufhören, Ja zu sagen, wo Sie Nein meinen, sondern es setzt auch voraus, dass Sie nicht Nein sagen, wo Sie eigentlich Ja meinen. Genauso wie Sie das Ja an der falschen Stelle unterdrückt und schwächt, so gilt dies auch für das Nein an der Stelle des Jas. Viele Menschen haben angefangen zu funktionieren, weil sie aufgehört haben, für das einzutreten, was ist und wer sie sind. Sie haben aufgehört, für sich zu kämpfen und für das, woran sie glauben. Sie sind zum Fuchs in ihrem eigenen Leben geworden und bringen sich um ihr Leben, indem sie vor sich selbst und der Welt verleugnet haben, was sie tatsächlich wollen.

Der Weg zu sich selbst – der Weg aus dem Funktionieren – setzt also immer Disziplin und das Selbstverständnis voraus, das zu sagen, was Sie meinen, und zu meinen, was Sie sagen, nicht nur zu anderen, sondern auch zu sich selbst.

Zwischen Entweder-oder und Sowohl-als-auch

Finden Sie nicht nur heraus, wo Sie in Ihrem Leben Ja sagen und Nein meinen, sondern auch, wo Sie Nein sagen und eigentlich Ja wollen. Notieren Sie sich die Bereiche und fragen Sie sich dann, was die Ursache für Ihr Verhalten ist. Notieren Sie sich auch dies und nehmen Sie es zur Kenntnis, ehe Sie das Buch weiterlesen.

2. Kapitel
Identität und Identifikation

Wahre Identität – die Kraft des Lebens

„Die Lebenskraft liegt in unserem Wesen."

Doch warum fällt es vielen so schwer, das Wesentliche im Außen zu erkennen? Warum ist es den meisten nicht möglich, Veränderbares von Unveränderbarem, Möglichkeit von Unmöglichkeit zu unterscheiden? Voraussetzung für ein gesundes und zufriedenes Leben ist, sich mit seinem Wesen zu identifizieren und auf dieser Grundlage seine wahre Identität entwickeln zu können. Viele identifizieren sich jedoch nicht mit ihrem Wesen, sondern mit ihren inneren Realitäten, ihren Prägungen und den daraus entstandenen Vorstellungen. Diese falschen Identifikationen werden als existenziell notwendig im Außen verteidigt und verhindern nicht nur einen Dialog. Gerade sie führen zu dem größten und scheinbar unlösbaren Stress.

Bevor Sie sich auf den Weg zu sich selbst und Ihrer wahren Identität machen, ist es notwendig zu verstehen, warum Identität so wichtig ist, inwieweit sie das Leben bestimmt und warum nur das Leben der wahren Identität Grundlage für ein gesundes und erfülltes Leben sein kann.

Identität ist der zentrale Punkt in unserem Leben. Jeder von uns ist auf der Suche nach sich selbst – die einen bewusst, die anderen weniger bewusst. Wir alle suchen nach Halt und Sicherheit, nach Orientierung – die Identität bietet uns diese. Sie gibt uns Form und Gestalt, die wir zum Leben brauchen.

Identität ist die Quelle, aus der der Mensch seine Kraft zu schöpfen versucht – seine Kraft, seine Motivation, seinen Sinn. Erst durch die Identität werden wir und haben das Gefühl zu sein. Identität ist der Halt in unserem Leben.

„Woran kann ich denn erkennen, dass mir das, was ich mache, auch tatsächlich entspricht?", fragte ein Partner einer Wirtschaftskanzlei auf dem Weg aus der Erschöpfung. „Woher weiß ich, dass, wenn ich mich jetzt für etwas anderes entscheide, ich dies auch tatsächlich bin? Woher weiß ich, dass ich mir nicht nur etwas vormache?" Wer sich mit etwas anderem identifiziert als mit seinem eigenen Wesen, der verliert sich selbst.

Aber wie kann ich falsche Identität von wahrer Identität unterscheiden? Diese Frage bewegt viele auf dem Weg zu sich selbst zurück.

> ***Wer sich mit etwas anderem identifiziert als mit seinem eigenen Wesen, der verliert sich selbst.***

Die Frage nach der eigenen Identität können Sie nur beantworten, wenn Sie mit sich, mit Ihrem Wesen in den Dialog gehen.

Wenn Sie sich nicht in Ihrem Wesen begreifen, dann können Sie auch Ihre wahre Identität nicht finden.

Diese zu entwickeln, ist ein lebenslang andauernder Prozess, der sich aus dem Dialog mit dem eigenen Wesen und dem Wesen der eigenen Umwelt ergibt.

Falsche Identitäten entstehen aus einer reinen Identifikation mit der Umwelt, die man sich – unabhängig von sich selbst – zu eigen macht, weil das Bewusstsein über das eigene Wesen fehlt.

Der Prozess der Identifikation findet meist in sehr kurzer Zeit statt und ist ein überaus machtvoller Prozess, der, wenn er nicht wesensgemäß verläuft, in einem ebenso ohnmachtsvollen endet. Die Wahl unserer Identität entscheidet über Lebensmacht und Ohnmacht. Wählen wir die richtige, dann werden wir unseres Lebens mächtig sein, entscheiden wir uns für eine falsche, werden wir uns ohnmächtig verlieren. In der Identität liegt die Macht und die Macht liegt darin, womit wir uns identifizieren.

Sich mit etwas zu identifizieren heißt, zu diesem zu werden. Identität bedeutet: Das bin ich.

Falsche Identifikationen lassen Menschen deswegen so erschöpfen, weil sie sie zwingen, an etwas festzuhalten und ihre (letzte) Energie in etwas zu verpulvern, das nicht ist. Gleichzeitig verhindern sie, dass sie auf den Ursprung ihrer tatsächlichen Kraft zurückgreifen können: auf ihr eigenes Wesen. So verlieren viele unbemerkt im Kampf um ihre scheinbare Existenz ihr Leben.

Die Atmosphäre im Elternhaus

„Es kann nicht oft genug betont werden, wie wichtig die Erfahrungen sind, die wir in den ersten Lebensjahren gemacht haben. Aus diesen Erfahrungen bilden wir unsere Identität – wenn es richtig läuft, dann wird es unsere wahre Identität sein."

Haben Sie sich schon einmal gefragt, warum Sie Ihre wahre Identität bis heute, obwohl Sie längst erwachsen sind, nicht kennen? Verstehen Sie, warum Sie als erwachsener Mensch unsicher sind, was der Dialog mit sich selbst überhaupt bedeutet und warum Sie die Beziehung zu sich selbst verloren haben?

Die Grundlagen für unsere Beziehungsfähigkeit, die Grundlagen für die Fähigkeit, mit sich selbst und mit seinem Umfeld in den Dialog zu treten, ist das Wissen und das Erkennen des Wesentlichen im Innen und im Außen. Diese Grundlagen werden in den ersten Jahren gelegt. So wie wir sprechen und laufen lernen, so lernen wir auch, in Beziehung und in den Dialog zu treten - mit der Welt, mit dem Leben und mit uns selbst. Das, was uns dazu verhilft - oder eben auch nicht - sind weniger die einzelnen Situationen an sich, sondern es ist vielmehr die tagtägliche Atmosphäre, in der wir aufgewachsen sind. Die alltägliche Atmosphäre unseres Elternhauses prägt uns für den Umgang mit uns selbst und unserem späteren Leben.

Dabei sind die ersten Jahre die entscheidenden, denn in diesen Jahren wird die Grundlage für die eigene Identität gelegt. Zu Beginn des Lebens besitzt das Kind zwar ein eigenes Wesen - jedoch noch kein Bewusstsein über sich selbst. Es kann noch nicht „Ich" sagen oder empfinden und erlebt sich als ungetrennt von der Umwelt. Es erlebt sich ohne Grenze als eins mit seiner Umgebung und kann nicht zwischen dem Innen und Außen unterscheiden. Das eigene Wesen liegt zunächst unbewusst und dem Kind nicht zugänglich da. Ob es ihm gelingt, ein Bewusstsein für sich selbst zu entwickeln, ist abhängig davon, welche Beziehung es erfährt. Das

Kind braucht den Blick der Eltern, um sich selbst sehen lernen zu können. Wächst es in einer sich gegenseitig erkennenden Atmosphäre auf, einer Atmosphäre, die von einem interessierten Dialog geprägt ist, wo sich jeder über den anderen freut, dass er da ist, dann wird das Kind beginnen, sich auch für sich zu interessieren und sich über sich zu freuen. Je fremder der Umgang untereinander, umso fremder wiederum wird das Kind sich selbst sein.

Ob Sie also Ihre wahre Identität entwickelt haben, ob Sie zu einem inneren und äußeren Dialog in der Lage sind, dies ist in Ihren ersten Lebensjahren entschieden worden.

Wenn Sie Eltern gehabt haben, die dazu in der Lage waren, Sie in Ihrem Wesen zu erkennen - weit bevor Sie sich selbst erkannt haben -, wenn Sie Eltern gehabt haben, die untereinander in Beziehung standen, die sich selbst erkannt und die ihre eigene Identität gelebt haben, dann werden Sie wissen, was der innere Dialog und was Ihre wahre Identität ist.

Was geschieht, wenn diese Atmosphäre fehlt: Der Beginn der falschen Identität

Wer sich in den ersten Jahren nicht mit sich selbst zu identifizieren lernt, der ist zutiefst verunsichert, hat das Gefühl „zu fehlen", ist haltlos in sich selbst und muss die Sicherheit außerhalb von sich selbst suchen. Gleichzeitig führt das Gefühl „des eigenen Fehlens" zu einer immer stärkeren Sehnsucht und damit verbundenen Suche nach sich selbst.

Blind für sich selbst sucht man nach sich in der äußeren Welt - süchtig nach Annahme und Bestätigung, unfähig zur Begegnung und Beziehung. Die Gefahr sind heftige Fixierungen und äußere Abhängigkeiten. Meist werden äußere Identifikationsflächen und Mittel gesucht, wodurch man seine unerfüllten kindlichen Sehnsüchte vermeintlich zu erfüllen glaubt. Dies kann alles sein: Menschen, Dinge und Werte wie Erfolg, Leistung, Reichtum - alles, was die fehlende Annahme im Kindesalter „wiedergutzumachen" scheint.

Die Konsequenzen sind nicht nur tiefe Abhängigkeiten, sondern auch folgendes Symptom: Die Betroffenen kommen nicht an – egal, was sie im Außen tun, und egal, wie viel sie im Außen besitzen.

Wenn jemand nicht mit seinem Wesen in Verbindung steht, kann er seine wahre Identität nicht entwickeln.

„Ich habe mich immer im Außen gesucht", sagte eine Frau. „Zuerst ging es darum, den richtigen Job zu finden, dann versuchte ich mich in der Partnerschaft zu finden, und als das nicht reichte, versuchte ich, mir meine Identität über ein Kind zu geben. Aber egal, was ich versuchte, ich kam nie wirklich an. Es reichte nie wirklich. Es reichte nicht, weil ich fehlte."

„Ich habe alles im Außen versucht, immer mit der Überzeugung, irgendwann muss es dir doch gut gehen – doch das tat es nicht. Das tat es nicht, weil ich meine Suche nicht aus dem Wissen um mich aus mir heraus gestartet habe, sondern weil ich mich an dem orientiert habe, was allgemein für Glück und Zufriedenheit steht: Erfolg im Job, Partnerschaft, Familie, Freunde – aber jetzt stelle ich fest, dass das Gerüst allein nicht ausreicht. Es hat keine Bedeutung, solange ich darin fehle. Es ist ohne Leben, wenn ich darin fehle. Es ist nichts als eine Hülle. Ein Sammelsurium aus Funktionseinheiten."

„Ich habe meine Erlösung im Erfolg gesucht, im Erfolg im Job und in der Ehe – ständig war ich auf der Suche nach mir selbst – ohne es zu wissen. Ich suchte verzweifelt nach Kontakt und letztendlich nach der Bestätigung, die ich nie erfahren habe, nach Bestätigung, um mit mir in Berührung zu kommen – vergeblich."

Solange nach sich im Außen gesucht wird, bleibt die Konsequenz immer dieselbe: Keine Begegnung um der Begegnung willen, sondern um des eigenen Überlebens willen. Das macht einsam und leer.

Fehlende Dialogfähigkeit im Erwachsenenalter ist nicht einfach nur irgendein Mangel, es ist ein Zeichen, dass entscheidende Dinge in den ersten Jahren versäumt wurden. Dies hat Konsequenzen für den eigenen Heilungsprozess und den Weg zu sich selbst. Es geht um eine Entwicklung grundlegender Fähigkeiten, die nachgeholt werden muss und weder von heute auf morgen noch durch irgendwelche Patentrezepte oder Wochenendseminare gelingen kann. Diese Arbeit ist möglich, aber nicht dadurch, sich rational zu befehlen, den Dialog zu sich aufzunehmen oder irgendwelche Techniken an sich anwenden zu wollen. Ich schreibe dies nicht, um Sie zu frustrieren, sondern um ein wenig Realitätsbezug zu vermitteln, was es tatsächlich heißt, sich auf die Suche nach sich selbst zu machen: Für viele geht es um nichts Geringeres als das Erlernen einer Fähigkeit, die eigentlich zusammen mit dem Laufen- und Sprechenlernen hätte vermittelt werden sollen.

Was falsche Identifikationen bewirken

„Der Weg zu sich selbst kann nur gelingen, wenn Sie den Blick auf Ihre Identitäten und Identifikationen richten und beginnen, sich von allen falschen zu verabschieden."

Nicht man selbst zu sein bedeutet, sich in einer Illusion aufgelöst zu haben. Dies hat massive Folgen: Jeder, der seine wahre Identität nicht lebt, jeder, der sich nicht mit sich selbst, mit seinem Wesen identifiziert, kann nicht vertrauen und ist von tiefen Ängsten besetzt.

Wenn man fehlt, dann besitzt man auch keine Handlungsmacht. Die Macht wird nicht mehr in sich wahrgenommen, sondern im Außen.

Die Folge ist nicht nur eine tiefe Angst, sondern es sind meist auch ausgeprägte Aggressionen, die entweder in unterschiedlicher Form an die Umwelt abgegeben oder im Sinne einer Depression gegen sich selbst gerichtet werden. Nicht man selbst zu sein erschöpft nicht nur, sondern macht auch aggressiv oder depressiv.

Menschen, die nicht ihre wahre Identität leben, befinden sich dementsprechend mehr oder weniger bewusst in einem permanenten

Verteidigungsmodus. Sie sind nicht oder nur kaum dialogfähig, da sie kein Gegenüber auf Augenhöhe bieten können. Sie können zwar Meinungen vertreten – aber mehr auch nicht, Sie haben nichts anderes als diese Meinung und fühlen sich dementsprechend sofort angegriffen, wenn diese nicht geteilt wird. So wird dann jeder Dialog unmöglich und ein wesentliches Miteinander aussichtslos. Hier gilt dann das beschriebene Entweder-oder-Prinzip. Für ein berufliches Miteinander heißt dies: „Vogel, friss oder stirb" – und je nachdem, wer die Führungskraft von den beiden Parteien ist, entscheidet sich, wer „sterben" muss. Für das private Miteinander gilt dasselbe – hier wird dann oft „abwechselnd" gestorben, und zwar so lange, bis die gesamte Beziehung tot ist.

Gerade vor diesem Hintergrund ist es für Sie wichtig, um Ihre Identifikationen zu wissen, vor diesem Hintergrund und vor dem Hintergrund Ihrer äußeren Dialogfähigkeit. Wenn Sie Ihre wahre Identität leben, dann werden Sie nicht abhängig von der Meinung anderer sein, dann sind Sie in der Lage, ruhig und gelassen mit anderen Meinungen und Infragestellungen Ihrer Meinung und Person umzugehen.

Das Geheimnis der Stärke, der wahren Identität ist, dass diese in sich selbst begründet liegt und von außen zwar infrage gestellt, nicht aber zerstört werden kann. Das heißt, niemand kann Ihnen Ihr Wesen nehmen – außer Ihnen selbst.

Das heißt nicht, dass Sie nicht auch in sehr schmerzhafte Situationen kommen, es heißt nicht, dass es zu keinen Auseinandersetzungen kommt, aber es bedeutet ein anderes Niveau. Es ist ein Niveau, auf dem Ihre Existenz nicht mehr infrage gestellt wird – selbst wenn genau dies im Außen geschieht. Ihnen wird es anders gelingen, Konflikte und die Tiefen des Lebens zu bewältigen. Wenn Sie sich selbst auf Augenhöhe begegnen können, dann können Sie auch dem Leben auf Augenhöhe begegnen – in seiner Gerechtigkeit und in seiner Ungerechtigkeit.

Nur so können Tiefen und Krisen, die Herausforderungen des Lebens, gelöst werden. Nur wenn Sie „sich haben", können Sie auch im Außen verzichten, können Sie überhaupt verzichten. Wer in seinem Leben jedoch fehlt, der hat dem Leben nichts entgegenzusetzen, der muss klammern und horten, bis er an Langeweile und Unzufriedenheit erstickt und irgendwann in Angst und Kummer stirbt. Wer in seinem Leben fehlt, der kann auch nicht bewältigen, sondern nur beiseiteschieben und verdrängen, so lange, bis das Verdrängte ihn früher oder später in seinem funktionierenden Überleben einholt und ihn scheitern lässt.

Jede falsche Identifikation führt zu Energieverlust, da sie Selbstverlust bedeutet

Nicht wenige Menschen beschleicht in unterschiedlichen Lebensphasen das Gefühl der Angst zu sterben. Auf der diagnostischen Ebene der Medizin wird dies häufig als ein Symptom einer beginnenden Panikstörung gesehen.

Ich appelliere an jeden Betroffenen, diese Symptomatik über eine Diagnosestellung hinaus so ernst zu nehmen, dass Sie sich einmal nach dem Grund Ihrer Angst fragen.

In meiner Beratungspraxis erlebe ich vor allem dann diese Angst, wenn die Betroffenen nicht wirklich leben und gelebt haben. Wenn das eigene Leben voll von falschen Identifikationen war und sie selbst darüber immer mehr fehlten. „Je mehr ich nur noch existierte", sagte ein Manager, „umso mehr hatte ich Angst, plötzlich zu sterben. Jetzt, im Nachhinein, kann ich das sehen – zu diesem Zeitpunkt jedoch war ich vollkommen verunsichert."

Wer nicht lebt, der hat nicht nur verständlicherweise das Gefühl zu sterben, sondern er hat gleichzeitig auch eine große Angst davor. Das heißt, die Angst entspringt einerseits einem tatsächlichen Zustand, in dem sich die unterdrückte eigene Identität, das eigene Wesen befindet – und andererseits der Tatsache, dass man sich nur schwer von etwas verabschieden kann, was man nicht gehabt hat. Aus dem Leben zu gehen, ohne gelebt zu haben, zu sterben, ohne zum Leben gekommen zu sein, verursacht eine tiefe Angst.

Voraussetzungen auf dem Weg zu sich selbst

Jede Identifikation außer mit sich selbst führt schlimmstenfalls zum Zusammenbruch und bestenfalls zu einem oberflächlichen Vegetieren. Leben kann nur gelebt und ganz erfahren werden, wenn es aus sich selbst, aus dem eigenen Wesen heraus gelebt und erlebt wird.

Nur wenn Sie bei sich sind und bleiben, erst dann können Sie das Leben in all seinen Facetten erkennen und fühlen.

Solange Sie sich mit dem Außen, ob mit Menschen, Ihren Lebensbereichen oder was auch immer identifizieren, nehmen Sie sich nicht nur die Möglichkeit zu leben, sondern auch die Möglichkeit der Intensität. Sie nehmen sich die Intensität, weil Sie sich mit dem eigenen Auflösen den Raum der Erfahrung nehmen. Sie schränken sich durch die Identifikation mit dem Außen nicht nur in Ihrer Erfahrungstiefe ein, weil sie als Erfahrungsraum nicht mehr zur Verfügung stehen, sondern weil Sie auch nicht mehr dazu in der Lage sind, den anderen wirklich zu begreifen und zu erkennen. Wahre Tiefe und Intensität findet nicht in der Verschmelzung, sondern in der Begegnung statt. In der Potenzierung Ihres Wesens und dem Wesen, dem Sie begegnen.

Identifikationen klären

Der meiste Stress entsteht durch falsche Identifikationen und durch das Fehlen der wahren Identität. Der Weg aus der Erschöpfung und zu sich selbst kann nur gelingen, wenn Sie den Blick auf Ihre Identitäten und Identifikationen richten und beginnen, sich von allen falschen zu verabschieden. Nehmen Sie ein Blatt Papier und notieren Sie sich die Dinge und Menschen, mit denen Sie identifiziert sind. Denken Sie dabei an die Definition von Stress: „Stress tritt dann auf, wenn es nicht so läuft, wie ich es will." Je mehr eine Person mit einer Sache identifiziert ist, umso mehr gerät sie unter Stress, wenn es nicht so läuft, wie sie es will. Dies kann Ihnen helfen, Ihre Identifikationen herauszufinden. Fragen Sie sich, wo Sie am meisten unter Stress geraten, und überprüfen Sie dann, ob es sich möglicherweise um eine falsche Identifikation handelt.

3. Kapitel

Innere Realitäten

Folgen Sie den Gummistiefeln oder Ihrer wahren Identität?

„Die meisten Menschen leben ein Leben fern von sich selbst, weil sie blind dem folgen, was sie gelernt haben, und dies für ihre Wahrheit halten."

Viele, die sich erschöpfen, beschreiben das Gefühl, sich in einem Hamsterrad zu befinden – verlassen es meist jedoch erst dann, wenn sie im wahrsten Sinne des Wortes daraus herausfallen. Haben Sie sich einmal gefragt, warum es den wenigsten gelingt, innezuhalten und das Rad von selbst zu verlassen? Was diejenigen antreibt, die – häufig wider besseren Wissens – unermüdlich ein um den anderen Tag ihr Rad ablaufen, bis zum (bitteren) Ende der Erschöpfung?

Als ich noch in der Klinik arbeitete, hatte ich in meinem Zimmer ein Bild hängen. Auf diesem Bild war eine Henne zu sehen und hinter ihr liefen vier Küken – alle liefen mit hoch erhobenem Kopf der Henne hinterher, den Blick auf die Henne gerichtet. Nur das letzte Küken hatte sich umgedreht und lief in eine andere Richtung. Unter dem Bild stand „Zivilcourage". Viele dachten beim Betrachten dieses Bildes, dass das letzte Küken in die entgegengesetzte Richtung läuft – doch das war nur eine Möglichkeit der Interpretation. Das letzte Küken hatte innegehalten, sich umgedreht und sich auf den Weg zu seinem Ursprung gemacht, dahin, wo es herkam. Denn erst wenn ich weiß, wo ich herkomme, kann ich entscheiden, welchen Weg ich einschlagen will. Gehe ich den Weg der „Henne", tue ich das nicht, weil ich ihr blind folge, sondern weil es mir entspricht. Oder gehe ich möglicherweise einen ganz anderen Weg?

Vielleicht kennen Sie das Experiment von Konrad Lorenz, in dem er, kurz bevor die Gänseküken aus ihren Eiern schlüpften, diesen die Mutter wegnahm. Das Erste, was die Küken sahen, waren die Gummistiefel des Bauern, denen sie von da an „blind" folgten. Die Muttergans, die dann wieder zu den Küken gelassen wurde, wurde fortan von diesen ignoriert. Die Küken folgten den Gummistiefeln des Bauern, wohin er auch ging, an der Mutter vorbei. Das, was ihnen eigentlich entsprochen hätte – die Gänsemutter –, konnten sie nicht erkennen.

Viele Menschen brennen über ein Leben aus, das ihnen nicht entspricht. Und viele leben ein Leben fern von sich selbst, weil sie automatisch das leben, was ihnen vorgelebt wurde.

Wie selbstverständlich wiederholen sie das, was sie gelernt haben – und bleiben, weit entfernt von sich selbst, die Küken, die den Gummistiefeln hinterherlaufen, weil sie diese für wahr halten.

Haben Sie sich einmal gefragt, ob Sie das, was Sie tun, auch tatsächlich sind? Inwieweit Sie das unbewusst nachahmen, was Ihnen vorgelebt wurde – zu Ihrem eigenen Schaden und dem Schaden Ihrer Umwelt? Agieren Sie aus sich heraus oder ist Ihr Leben eine Reproduktion bereits Erfahrenes? Die meisten Menschen leben ein Leben fern von sich selbst, weil sie blind dem folgen, was sie gelernt haben, und dies für ihre Wahrheit halten. Sie erschöpfen sich in einem vermeintlichen Selbstverständnis, das sie immer weiter von sich selbst wegführt, und leben eine Identität, die nicht ihre wahre ist. Ob es der erfolgreiche Unternehmer ist, der wider besseren Wissens keine Grenzen ziehen kann und darüber immer mehr ausbrennt, die Frau, die nach der dritten Ehe erschöpft feststellt, dass Partnerschaft für sie wohl nicht möglich ist, oder der Manager, der sich und sein Umfeld immer mehr erschöpft, weil das Beste nicht gut genug ist.

Für den Weg aus der Erschöpfung, für den Weg zu sich selbst, für ein authentisches und erfülltes Leben ist es unabdingbar, dass Sie sich die Frage stellen, was Sie in Ihrem Leben geprägt hat. Zunächst einmal lautet die Frage daher: Haben Sie sich möglicherweise deswegen so erschöpft, weil Sie in vielen Bereichen Ihres Lebens das blinde Küken sind, das den Gummistiefeln hinterherläuft?

Die inneren Realitäten:
Warum suchen wir uns das, was uns schadet?

„Eines der größten Gefängnisse des Menschen ist das Gefängnis seiner inneren Realitäten."

„Das Unbewusste sucht und findet stets das Unbewusste", heißt es in der Psychologie. Oder, anders ausgedrückt: „Solange wir unsere inneren Realitäten nicht auflösen, sind wir gezwungen, diese zu unserem Leid und zu dem Leid unserer Umwelt ständig im Außen zu wiederholen." Ob wir wollen oder nicht, wir leben das im Außen, was bestimmend in uns ist – unabhängig davon, ob es uns schadet oder nicht. Sich seiner Vergangenheit und seiner Prägungen bewusst zu werden, ist so wichtig, weil die Gefahr besteht, dass unsere Prägung unserem Selbstverständnis entspringt, ohne uns zu entsprechen. Tatsächlich widerspricht sie uns häufig sogar. Deswegen ist es unabdingbar herauszufinden, ob das, was Sie geprägt hat, Ihrer wahren Identität möglicherweise massiv im Wege steht. Ob es Sie an einem gesunden und erfüllten Leben hindert, weil Sie etwas für selbstverständlich halten und leben, was nicht nur alles andere als selbstverständlich, sondern sogar selbstschädigend ist. Solange Prägungen unser Leben bestimmen, sind wir nicht nur nicht frei, sondern laufen Gefahr, uns in und an dieser Unfreiheit zu erschöpfen.

> ***Solange wir unsere inneren Realitäten nicht auflösen, sind wir gezwungen, diese zu unserem Leid und zu dem Leid unserer Umwelt ständig im Außen zu wiederholen.***

Vor diesem Hintergrund möchte ich nun zu einem weiteren entscheidenden Punkt kommen, den ich für eine der zentralen Ursachen von Erschöpfung halte: die inneren Realitäten. Sie sind eine direkte Folge der prägenden Erfahrungen. Erinnern wir uns daran, dass Stress niemals durch eine Situation an sich entsteht, sondern immer daraus, was wir aus der Situation machen. Somit entscheidet unsere Bewertung der Situation, ob wir unter Stress geraten oder nicht. Doch warum bewerten wir Situationen, wie wir sie bewerten? Was veranlasst uns dazu, die eine Situation als bewältigbar einzuschätzen und die andere als übermächtig? Haben Sie sich schon einmal gefragt, warum Sie Situationen sehen, wie Sie sie sehen, sich verhalten, wie Sie sich verhalten?

Es sind unsere Erfahrungen, die dazu führen, dass wir die Welt einschätzen, wie wir sie einschätzen – die Welt, unsere Mitmenschen und uns selbst.

Je nachdem, wie unsere Erfahrungen waren, bewerten wir auch das Leben. Haben wir Erfahrungen in unserem Sinne gemacht, die uns in unserem Wesen bestärkt und bestätigt haben, in denen wir uns unserer eigenen Wirksamkeit versichern konnten, sind wir offen und frei für das Leben. Wir stehen mit uns im Dialog, wissen, wer wir sind, und verfügen über die Fähigkeit, dementsprechend auch die äußere Realität zu erkennen und angemessen einzuschätzen.

Wir haben den Halt in uns und können auf dieser Grundlage der Welt offen begegnen.

Je schlechter die Erfahrungen jedoch waren, die wir in unserem Leben gemacht haben, und je unverarbeiteter diese sind, umso mehr besteht die Gefahr, dass diese sich zu negativen inneren Realitäten zusammenballen, die einen ungetrübten Blick auf die äußeren Realitäten immer mehr verunmöglichen.

Was genau sind innere Realitäten?

Innere Realitäten sind subjektive Welten und Wahrheiten, die in Momenten der Ohnmacht, des inneren Rückzuges, entstanden sind. Es sind ursprünglich äußere Realitäten gewesen, von denen wir uns überwältigt gefühlt, denen wir uns hilflos unterworfen und die wir aufgrund von fehlender eigener Identität übernommen und zu unserer Wahrheit gemacht haben.

Erinnern wir uns, dass Leben Begegnung und Beziehung bedeutet. In diesem Sinne gibt es positiv wie negativ prägende

Erfahrungen. Wenn von inneren Realitäten gesprochen wird, dann sind hier grundsätzlich die negativ prägenden Erfahrungen gemeint, die wir in unserem Leben gemacht und nicht verarbeitet haben. Ein Ereignis ist dann negativ, wenn es uns nicht in unserer Identität und unserem Wesen bestärkt, sondern bedroht und im schlimmsten Fall sogar verletzt und zu vernichten versucht. Innere Realitäten entstehen in Momenten, in denen wir der Umwelt kein Gegenüber bieten können und uns von dieser überwältigt, ihr hilflos ausgeliefert fühlen.

Innere Realitäten sind unverarbeitete, negativ prägende Beziehungserfahrungen, Erfahrungen der eigenen Ohnmacht und Hilflosigkeit, in denen das Selbst, die wahre eigene Identität, unterdrückt wird und verloren geht. Es sind emotional tief verwurzelte Ohnmachtserfahrungen, die wir in unserem Leben gemacht haben. Erfahrungen, durch die wir uns überwältigt, in unserem Ich bedroht gefühlt und aufgrund derer wir uns innerlich zurückgezogen haben. Ohnmachtserfahrungen, die zu unserer Identität geworden sind, als wir unsere wahre Identität aufgegeben haben.

Solche inneren Realitäten entscheiden maßgeblich über unser Leben, indem sie zu unserer (falschen) Identität geworden sind, uns so die vermeintliche Wahrheit vorgeben und uns aufgrund dieser das Leben um uns herum beurteilen und uns darin handeln lassen.

Ein Mann beschreibt die prägende Erfahrung, dass er als Kind immer wieder mit seinen Eltern umziehen musste, er berichtet von wiederholten schmerzhaften Situationen, „aus seinem Freundeskreis herausgerissen worden zu sein“. Diese Erfahrung führte zu einer inneren Realität, die ihm im Erwachsenenalter das Schließen von Freundschaften unmöglich machte. In der unbewussten Überzeugung *Freundschaften gehen früher oder später eh zu Bruch – und zwar gegen den eigenen Willen* begann er, jeden neuen Kontakt durch diese Brille der inneren Realität zu sehen, dementsprechend konnte er sich nur oberflächlich einlassen. Ein Mann wurde von seiner Freundin, die er zutiefst liebte, vollkommen überraschend verlassen. Von der Trennung überwältigt und sich dieser ohnmächtig ausgeliefert sehend, wurde diese unverarbeitete Erfahrung zur inneren Realität, die sein Leben wie folgt maßgeblich bestimmte: Die innere Realität *Frauen eines bestimmten Schlages verlassen mich* führte dazu, dass er sich das genaue Gegenteil zu suchen begann. Er heiratete eine Frau, die das Gegenteil von dem war, was für ihn wesentlich ist - mit dem Preis einer kalten Ehe, die ihn immer mehr erschöpfte.

Ein Manager beschrieb wiederholte Erfahrungen von Hänseleien und Ausgrenzungen in den ersten Schuljahren. Diese Erlebnisse der Ohnmacht wurden zu einer festen inneren Realität und führten zu massiven Schwierigkeiten, vor allem als der Mann in eine Führungsposition kam. In der Überzeugung *In Gruppen wird sowieso nur über mich gelacht* legte er einen dominant-hilflosen Führungsstil an den Tag, der zu zunehmenden Konflikten mit seinen Mitarbeitern führte.

Warum wirken innere Realitäten so massiv?

Bei meinen Vorträgen und Seminaren begegnet mir eine grundsätzliche Offenheit und Bereitschaft zu erkennen, was die inneren Realitäten in Bezug auf Erschöpfung und Leistungsfähigkeit bedeuten. Allerdings bleibt es meistens bei einem rationalen Erkennen und Verstehen. Die meisten erleben das Ausmaß der Bedeutung erst, wenn sie sich mit ihrer eigenen inneren Realität konfrontiert sehen und beginnen, diese überhaupt erst als solche zu erkennen. Die Macht der inneren Realitäten besteht darin, dass diese meist unerkannt in uns existieren und wir uns ihrer überhaupt nicht bewusst sind. Je unerkannter sie als solche sind, umso mächtiger wirken sie.

Die Macht der inneren Realitäten besteht darin, dass diese meist unerkannt in uns existieren und wir uns ihrer überhaupt nicht bewusst sind.

Kennen Sie die Spiegelkabinette auf den Jahrmärkten? Ein Irrgarten aus Spiegeln, in dem der Weg nach draußen gesucht werden muss und man immer wieder in der Sackgasse endet. Man findet den Weg nicht, weil das Einzige, was man sieht, das eigene Spiegelbild ist – in mehrfacher Potenzierung, egal wohin man blickt. So wirken innere Realitäten, sie führen dazu, dass man nichts anderes um sich herum als „sich selbst" sieht und sich daran immer wieder „den Kopf stößt" – ohne jedoch zu erkennen, dass man sich an sich selbst stößt.

Innere Realitäten wirken automatisch und unbewusst. Sie zwingen uns zu agieren und zu reagieren, ohne dass wir eine Wahl haben. Wir haben keine Wahl, da uns dort, wo sich die innere Realität ausbreitet, eine eigene Identität fehlt. Sie werden sicherlich das Phänomen kennen, wenn Sie ein Lied von früher hören oder aber Ihnen ein altbekannter Geruch begegnet, dass Sie sich plötzlich genauso fühlen wie damals? So wirken innere Realitäten. In Sekundenschnelle stellen sie die bekannte Situation her und all die damit verbundenen Gefühle, Gedanken und Überzeugungen.

Wenn der Dialog fehlt, entstehen innere Realitäten – fern von dem, was ist

Viele werden das Phänomen im Außen kennen, dass Menschen, die sich in ihrem Leben bedroht fühlen, aus Angst mit dem Feind ein Bündnis eingehen, um nicht von ihm getötet zu werden. Dieses Phänomen findet sich auch im Inneren des Menschen, im Entstehungsmoment der inneren Realitäten.

Indem der Mensch die äußere Realität zu seiner inneren Realität gemacht hat, beginnt er, sich dieser weiter zu unterwerfen und sich mit ihr, im Sinne eines Selbstschutzes, zu verbünden, um dem Gefühl der Bedrohung, der Vernichtung und Ohnmacht in sich selbst zu entkommen. Auch wenn dies an Schizophrenie grenzt, so ist dies doch die einzige Rettung, die der Betroffene sieht: sich aufzugeben, um sich zu retten. Sich aufzugeben, obwohl man noch in sich ist, um in sich bleiben zu können; sich in sich verdrängen und zu jemand anderem werden. Diese Schizophrenie hat natürlich massive Konsequenzen für die Betroffenen: Die Selbstaufgabe ist immer mit Bewusstseinsverlust verbunden. Dieser Bewusstseinsverlust führt dazu, dass man die Kontrolle über sich und sein Handeln abgibt, im Innen wie im Außen. Mit dem Verlust des Bewusstseins verliert man „sich selbst" und sein Wissen um das, was tatsächlich ist.

Deswegen sind innere Realitäten so mächtig. Nicht nur die Bewältigung der äußeren Situation wird schwierig, sondern auch die Auflösung der inneren Realitäten an sich. Schließlich sorgt der gleichzeitige Bewusstseinsverlust dafür, dass wir uns dieser (der inneren Realität als solcher) gar nicht bewusst sind.

Innere Realitäten aus ersten Prägungen

„Wer in seinem Wesen verkannt wurde, der wird auch die Welt verkennen."

Doch innere Realitäten entstehen nicht nur durch die Unterdrückung der eigenen Identität, sie können auch in Momenten entstehen, in denen die eigene wahre Identität noch gar nicht ausgebildet wurde. Für den Weg zu sich selbst, für den Weg aus der Erschöpfung, sollten Sie insbesondere diese inneren Realitäten kennen – und auflösen.

Sie sind so bedeutsam, weil sie in einer Zeit entstanden sind, in der wir mit unserem Wesen überhaupt noch nicht in Kontakt waren. Sie sind in uns entstanden, bevor wir entstehen und ein Bewusstsein für uns selbst entwickeln konnten. Diese Form der inneren Realitäten ist für unser (Nicht-)Leben von so großer Bedeutung, weil sie dafür gesorgt haben, dass sich unsere wahre Identität gar nicht erst ausbilden konnte. Sie sind diejenigen, die mit am schwersten zu erkennen und zu lösen sind, weil wir nichts anderes als sie erfahren haben. Weil wir uns als sie kennengelernt haben, bevor wir uns selbst wirklich kennenlernen konnten. Sie sind unser tiefes „Selbstverständnis" und scheinen unsere Existenz auszumachen. Deswegen ist die erste Beziehungserfahrung immer auch die entscheidendste.

Es sind gerade diese inneren Realitäten aus den ersten prägenden Erfahrungen, die bei all denjenigen, die aufgrund eines Burnouts zu mir in die Beratung kamen, maßgeblich an dem Weg in die Erschöpfung beteiligt waren. Es sind gerade diese inneren Realitäten, die viele Behandlungen haben scheitern lassen, Behandlungen, die an der Oberfläche versuchen, durch irgendwelche rationalen Handlungsanweisungen Verhaltensänderungen herbeizuführen, während die armen Betroffenen wider besseres Wissen gezwungen sind, genau so weiterzumachen wie bisher. Es sind gerade diese inneren Realitäten, die den Betroffenen in Form eines tiefen unbewussten Selbstverständnisses zwingen, etwas zu tun, von dem er eigentlich weiß, dass es ihm schadet, ihn zwingen, das zu tun, weil er nichts anderes kennt, ihn zwingen, weil er meint, dass er so sei.

Die Kenntnis der inneren Realitäten aus den ersten Jahren ist entscheidend für den Weg aus der Erschöpfung, weil gerade diese eine Form von tiefem Selbstverständnis darstellen, das nur dann veränderbar ist, wenn es als Missverständnis erkannt wird.

Doch was in den ersten Jahren führt überhaupt zu inneren Realitäten? Ab wann wird eine Prägung „negativ", wann wird sie zu einer inneren Realität?

Als unsere engsten Bezugspersonen sind Mutter und Vater unsere Vorbilder gewesen, die wir – je nachdem, wie unsere Beziehungserfahrung mit ihnen waren –, unbewusst in uns bis heute in Form einer inneren Realität manifestiert haben.

Das heißt, wir verinnerlichen in unseren ersten Jahren unseren Vater und unsere Mutter und deren Umgang mit uns und entwickeln daraus den späteren Umgang mit uns selbst und anderen.

Die elterliche Annahme des eigenen Wesens ist Grundvoraussetzung dafür, später gesund leben zu können. Diejenigen, die sich in ihrem Leben erschöpfen, haben diese Annahme in den ersten Jahren nicht erfahren. Im Gegenteil, sie haben die prägende Erfahrung der Nicht-Annahme gemacht, die zu unterschiedlichsten inneren Realitäten und damit verbundenen falschen Selbstverständnissen und Zwängen geführt hat, an denen sich die Betroffenen im Laufe ihres Lebens immer mehr aufgerieben haben.

Eine Nicht-Annahme kann sich auf der einen Seite in offensichtlicher Ablehnung dem Kind gegenüber, dessen Unterdrückung oder gar einer versuchten Zerstörung äußern. Sie kann sich jedoch auch in einem einfachen „Übersehen“ ausdrücken und den Eltern gar nicht bewusst sein. Einem nicht vorsätzlichen Übersehen, sondern in einem unbewussten, aufgrund von inneren oder äußeren Umständen der Eltern, die mit dem Kind an sich nichts zu tun haben. Ob die Eltern sich selbst und ihre Lebenserfahrungen zum Maßstab für das Wohl ihres Kindes machen oder aufgrund von schwierigen Lebenssituation sich mehr auf sich statt auf das Kind konzentrieren, in allen Fällen bleiben die wesentlichen Bedürfnisse des Kindes unerkannt und unerfüllt und verhindern so das Finden seiner wahren Identität.

„Für meine Eltern war es von Anfang an wichtig, dass ich es besser haben sollte. Aber dass ich gar nicht studieren wollte, dies haben sie gar nicht erkannt“, sagte ein Ingenieur.

„Meine Mutter hat so unter der Strenge ihrer Mutter gelitten, dass sie mir alles erlaubte, was ich wollte“, sagte ein Student, der Schwierigkeiten hatte, sich für sein Studium zu motivieren. „Meine Eltern waren so sehr mit sich selbst beschäftigt - meine Mutter war viel krank, sodass sie gar keine Zeit für uns Kinder hatten, wir sind uns selbst überlassen worden“, sagte eine Frau, die sich zwar materiell, aber nicht emotional versorgen konnte.

Eine Nicht-Annahme kann auch darin bestehen, dass das Kind für die eigenen Bedürfnisse „funktionalisiert“ wird. Diese versteckte Form von Nicht-Annahme wird von vielen Betroffenen als einschneidend prägend für das eigene Leben erfahren.

„Ich war immer der verlängerte Arm für meinen Vater“, sagte ein junger Student, der sich darüber erschöpfte, weil er sich zu viel vornahm und seine Grenzen nicht setzen konnte. „Das, was mein Vater versäumte, weil er keine Zeit hatte, musste ich umsetzen. Ich war derjenige, der die Verantwortung für alles hatte." – „Meine Mutter war einfach einsam. Mein Vater war viel unterwegs und irgendwann ist er ganz weggeblieben. Ich war von Anfang an der Ansprechpartner für sie", sagte ein Arzt, der sich darüber erschöpfte, dass er zwar für alle anderen, nicht aber für sich selbst da war.

Je nachdem, wie schwerwiegend die fehlende Erfahrung des eigenen Wertes erlebt wird, entstehen verschiedene Abstufungen innerer Realitäten mit unterschiedlichen Folgen für die eigene Identität, für den Umgang mit sich selbst und mit anderen. Wenn die elterliche Beziehungserfahrung Ablehnung oder an Bedingung geknüpfte Annahme war, entstehen daraus innere Realitäten, die von „Ich kann mich selbst nicht annehmen, so wie ich bin – ich bin nur unter bestimmten Bedingungen liebenswert" bis hin zu „Ich muss mich selbst ablehnen, egal, was ich tue" oder „Ich bin nichts wert" reichen. Ablehnende verinnerlichte Eltern sind eine der inneren Realitäten, die uns entscheidend an der Beziehung zu uns selbst und zu anderen sowie an einem gesunden und erfüllten Leben hindern. Sie führen dazu, dass der Betroffene sich in seinem Leben schlimmstenfalls selbst ablehnt und „bestenfalls" einfach keinen Bezug zu sich hat und dadurch nicht in der Lage ist, in den inneren (und äußeren) Dialog zu gehen, sich zu erkennen und für seine wesentlichen Bedürfnisse und Notwendigkeiten einzutreten.

Zu viel des Guten

„Leben entsteht nicht im Vielen, sondern im Wesentlichen."

Eine Nicht-Annahme kann sich jedoch nicht nur in einem Zuwenig, sondern auch in einem Zuviel ausdrücken. Macht jemand die häufig vereinnahmende Beziehungserfahrung, von Bezugspersonen „emotional verschlungen" zu werden, führt das ebenfalls zu negativen Prägungen.

„Bei uns gab es nie Streit“, sagte ein erschöpfter Manager. „Meine Mutter und ich waren immer ein Herz und eine Seele. Ich war der Bezugspunkt für sie.“ – „Meine Mutter war immer meine beste Freundin, sie hat mir alles erzählt“, sagte eine Studentin. „Ich war die Prinzessin für meinen Vater“, sagte eine 40-jährige Geschäftsführerin, „da gab es nie Probleme.“

Es gibt ein Sprichwort, das da heißt: *Gebe ich dir zu wenig, bin ich dein Dieb, gebe ich dir zu viel, so bin ich dein Mörder.* Je vereinnahmender eine Beziehung ist, umso erstickender.

Diejenigen, die sich in ihrem Leben erschöpfen, erschöpfen sich nicht immer nur durch einen Mangel des Zuwenig, sondern häufig auch durch ein Übermaß des Zuviel. In der verinnerlichten Erfahrung der überbordenden, zum Teil vollkommenen Besitznahme ist es diesen Menschen nicht möglich, eine eigene Identität, geschweige denn einen Antrieb für sich selbst zu entwickeln. Diesen Menschen ist es durch die Erstickung nicht möglich, sich selbst zu spüren, und so sind sie weder in der Lage, sich selbst zu leben, noch können sie ihre Grenzen erkennen und vertreten. Diejenigen, die erstickende Beziehungserfahrungen oder erstickende Eltern verinnerlicht haben, haben meiner Erfahrung nach die größten Schwierigkeiten zu wissen, was für sie richtig und was nötig ist. Vor allem auch deswegen, weil sie durch ihr ersticktes Gefühl lange Zeit nicht erkennen, was Ihnen fehlt bzw. dass ihnen überhaupt etwas fehlt.

Negative Prägungen entstehen aber nicht nur durch direkte Beziehungserfahrungen, sondern auch durch indirekte: Eltern prägen ihre Kinder immer auch durch ihr eigenes Beziehungsverhalten.

Eltern prägen ihre Kinder immer auch durch ihr eigenes Beziehungsverhalten.

Wie der Vater oder die Mutter mit sich selbst umgegangen sind, wie sie miteinander in Beziehung getreten sind, wirkt sich ebenfalls unmittelbar auf das Kind aus. Auch daraus lernt dies den Umgang mit sich selbst. Fehlt im Umgang der Eltern untereinander die gegenseitige Annahme und gelingt es ihnen jeweils nicht, die eigene Person anzunehmen, so verinnerlicht das Kind auch dies in Form einer elterlichen inneren Realität.

„Ob meine Eltern mit sich im Dialog standen? Ob die beiden ein Leben gelebt haben, das ihnen entspricht?“, lachte ein sich erschöpfender Manager. „Die beiden haben ihre Pflichten erfüllt.“

„Mein Vater war selbst eine Leistungsmaschine“, sagte ein erschöpfter Geschäftsführer, „das Unternehmen stand an erster Stelle, zu jeder Tages- und Nachtzeit, vor allem und vor jedem – vor allem auch vor ihm selbst.“

„Wenn ich an meine Mutter zurückdenke, habe ich sie eigentlich nur unzufrieden in Erinnerung. Sie kam nicht auf ihre Kosten“, sagte eine erfolgreiche Anwältin, die so wenig in ihrem Leben auf ihre Kosten kam, dass sie kurz davor war auszubrennen.

„Der Beruf ist einfach nicht das Richtige für mich“, sagte ein 40-jähriger Makler, der in einer Atmosphäre aufwuchs, die von der unfreiwilligen Unternehmensübernahme beider Eltern geprägt war. „Ich muss einfach erst einmal den richtigen Beruf finden.“

Rebellion

„Das Gegenteil ist nichts anderes als dasselbe des Gleichen.“

„Über meine Herkunft muss ich mir keine Gedanken machen“, sagte ein Anwalt während einer Beratungsstunde zu mir. „Ich bin so was von anders als meine Eltern, man könnte sagen, ich bin das genaue Gegenteil von ihnen.“ – „Mir ist relativ schnell klar geworden, dass ich auf keinen Fall so enden möchte wie meine Mutter“, sagte eine erfolgreiche, sich mittlerweile immer mehr erschöpfende Unternehmensberaterin. „Und ich habe von Beginn an darauf geachtet, dass dies nicht der Fall sein wird. Ich führe ein entgegengesetztes Leben – ich bin all das, was meine Mutter nicht ist.“

Viele Menschen schieben die Frage nach ihrer eigenen Prägung schnell beiseite, indem sie voller Überzeugung antworten: „Zum

Glück bin ich das Gegenteil meiner Eltern!“ Sie erkennen in diesem vermeintlichen Glück nicht, dass das Gegenteil nichts anderes als das Gleiche ist. Jemand, der das Gegenteil von etwas oder jemandem ist, hat dies ebenso zum Maßstab erkoren wie jemand, der seinem Gegenüber gleicht.

Ob gleich oder das Gegenteil – der Maßstab liegt im Außen anstatt in der eigenen Person.

Viele sind der tiefen Überzeugung, das gelebte Gegenteil ihrer Herkunft oder ihrer Eltern sei der Beweis für die eigene Freiheit. Meist erkennen sie erst spät ihren Irrtum, dann, wenn ihnen bewusster wird, wie sie sich in einer lebenslangen Rebellion gegenüber denjenigen, von denen sie sich vermeintlich befreit hatten, immer mehr erschöpfen.

Eine Lehrerin wuchs unter einem patriarchalischen Vater auf, der seine Kinder wie seine Frau auf Höchstleistung „trimmte“, indem er nur dann „Kenntnis“ von ihnen nahm, wenn Leistung erbracht wurde. In der verdrängten inneren Realität *Du bist nur wert, wenn du leistest* wurde die Tochter Lehrerin und vertrat in heftigsten Auseinandersetzungen mit dem Kollegium den Anspruch, Kinder nicht ihrer Leistung nach beurteilen zu dürfen, worüber sie sich immer weiter erschöpfte. Ein Mann wuchs in einem strenggläubigen Elternhaus auf, in dem er seine Eltern sich unmündig der Kirche unterwerfend erlebte. Mit dem Auszug aus dem Elternhaus trat er aus der Kirche aus und verurteilte zynisch-intellektualisiert vor aller Welt und in aller Öffentlichkeit den Glauben als Entmündigung des Menschen, während er sich in seinem Glauben des Nicht-Glaubens frei und mündig wähnte.

„Ich frage mich gerade, ob ich mir deswegen die Uni und den Studiengang ausgesucht habe“, sagte ein Student zu mir während eines Gesprächs, „weil dies das Letzte war, was mein Vater sich für mich gewünscht hat.“

„Warum ich meine Familie nicht verlasse?“, fragte ein Geschäftsführer, der sich in einer offensichtlich gescheiterten Ehe immer weiter erschöpfte. „Das steht für mich überhaupt nicht zur Debatte – ich bin glücklicherweise nicht wie mein Vater, der seine Familie einfach so sitzen gelassen hat."

„Frauen müssen genauso Karriere machen wie Männer", war eine sich unter anderem auch politisch engagierende und sich immer weiter erschöpfende Managerin mit drei Kindern und eigener Beratungsfirma überzeugt. „Wir brauchen auf jeden Fall die Frauenquote." Während einer Behandlungsstunde berichtete sie, wie sehr sie und ihre Mutter unter dem dominanten Vater gelitten hatten. „Ich bin froh, dass ich mich davon befreit habe – und ich werde alles dafür tun, um nicht so wie meine Mutter zu enden – wir müssen weg von den Zeiten, in denen die Frauen von den Männern noch ihr Haushaltsgeld eingeteilt bekamen."

„Glücklicherweise mache ich es anders als mein Vater, der hat meine Mutter mit uns Kindern vollkommen sich selbst überlassen", sagte ein 35-jähriger Unternehmensberater, der mit einer wachsenden Erschöpfung in die Behandlung kam, weil er „seinen" Anspruch, Familie und Beruf zu vereinbaren, immer weniger erfüllen konnte.

Für den Weg zu sich selbst und aus der Erschöpfung ist es notwendig zu erkennen, dass das Gegenteil nichts anderes als das Gleiche desselben ist. Wer wirklich der sein will, der er ist, der muss bereit sein, sich auch die Frage nach der eigenen scheinbaren Mündigkeit zu stellen, der muss bereit sein, auch dort kritisch hinzuschauen, wo er der Überzeugung ist, durch das Gegenteil des „Gehassten" und „leidvoll Erlebten" frei und unabhängig geworden zu sein, der muss bereit sein zu hinterfragen, ob die Wahrheiten, die er häufig vehement als solche vertritt, auch tatsächlich seine eigenen sind – oder im Grunde doch nichts anderes als die Rebellion gegen das erlebte Leid und die Unterdrückung. Solange die inneren Realitäten nicht gelöst werden, so lange sind wir gezwungen, sie zu unserem Leidwesen zu wiederholen.

Ob wir dies in der Nachahmung oder in der Rebellion tun, ist unerheblich – das Ergebnis ist stets dasselbe: Wir orientieren uns am Außen anstatt an uns selbst, bleiben unfrei und unmündig und laufen große Gefahr, uns in dieser Unmündigkeit zu erschöpfen und uns um unser eigenes Leben zu bringen. Wir laufen große Gefahr, uns zu erschöpfen, weil wir – auch in der Rebellion – noch immer an dem festhalten, worunter wir so gelitten haben. So bringen wir uns weit entfernt von uns selbst unbemerkt um unser Leben, kämpfend auf falschen Kriegsschauplätzen fern unserer Möglichkeiten und vor allem Notwendigkeiten.

Solange die inneren Realitäten nicht gelöst werden, so lange sind wir gezwungen, sie zu unserem Leidwesen zu wiederholen.

Ob es nun der Mann ist, der sich durch den Glauben an seinen Nicht-Glauben die Chance auf einen echten erwachsenen Glauben nimmt und gleichzeitig ebenso unmündig in diesem Glauben verweilt, wie er es bei seinen Eltern erfahren hat, ob es die Managerin ist, die sich die Chance nimmt, sich selbst zu fragen, welche Rolle als Frau ihrem Wesen entspricht – und letzten Endes in der gleichen Unfreiheit wie ihre Mutter bleibt, indem sie Karriere machen „muss", ob es der Vater ist, der seine Familie, die es längst nicht mehr gibt, nicht verlassen „will" und sich so die Chance auf eine echte Familie nimmt, ob es die Lehrerin ist, die ihre Schüler nicht nach Leistung bewerten will und sich und diesen dadurch die Freiheit nimmt, in Freiheit leisten zu können, sich die Chance nimmt zu erkennen, dass Leben immer auch Leistung ist, oder ob es der Student ist, der um jeden Preis den Studiengang wählen muss, den sein Vater nicht will – und sich darüber die Chance nimmt, seinen eigenen zu finden, der vielleicht zufälligerweise auch dem des Vaters entspricht – solange wir unsere Entscheidungen und unser Leben nicht aus uns selbst heraus treffen und führen, so lange bleiben wir am Ende doch nur die unmündigen Küken, die ihr Leben lang der Henne blind folgen, oder – noch verheerender – den Gummistiefeln des Bauern blind hinterherlaufen.

Das Unbewusste sucht und findet stets das Unbewusste

Ob wir wollen oder nicht, am Ende stellen unsere inneren Realitäten genau die Situation her, durch die sie entstanden sind. Die inneren Realitäten sind, solange wir sie nicht lösen, sich selbst erfüllende Prophezeiungen – am Ende sind wir immer wieder am Anfang.

Das ist die Macht der inneren Realität, dass sie am Ende zu einer äußeren Realität wird – obwohl wir eigentlich genau dies zu verhindern versuchen.

Solange wir unsere Realitäten in uns tragen, so lange sind wir nicht nur gezwungen, sie im Außen zu suchen, wir werden sie auch immer wieder genau dort finden.

Am Ende führt jede innere Realität uns dahin, wo sie entstanden ist – in den inneren Rückzug und eigenen Untergang. In den eigenen Untergang und in den Untergang von all dem, was wir auf unsere innere Realität gebaut haben – beruflich wie privat. Es sei denn – wir sind dazu in der Lage, die innere Realität durch unsere eigene Identität zu ersetzen.

Die Auflösung verinnerlichter Eltern

„Wer seine verinnerlichten Eltern nicht auflöst, der wird sein Leben lang ein Kind bleiben – unabhängig davon, was er im Außen darstellt."

Während die Auflösung der inneren Eltern, die uns bestätigt haben, durch die damit verbundene Identitätsbildung von selbst geschieht, ist die Auflösung der verinnerlichten Eltern, wenn die Erfahrung von Ablehnung gemacht wurde, schwer und scheinbar unmöglich.

Da wir nicht gelernt haben, mit uns in Beziehung zu stehen und eine eigene Identität aufzubauen, können wir vor diesem Hintergrund die verinnerlichten Eltern auch nicht auflösen und sind gezwungen, sie bis heute in uns zu tragen.

Gleichzeitig halten viele Betroffenen im Erwachsenenalter auch deswegen noch an dem verinnerlichten Elternteil fest und können sich nur schwer davon distanzieren, weil das verinnerlichte Elternteil aufzugeben bedeuten würde, diejenigen endgültig loszulassen, die sie nie gehabt haben, und für immer auf die Nähe zu verzichten, die nie da war.

Sich von seinen verinnerlichten Eltern zu befreien heißt also immer auch, bereit zu sein, Abschied zu nehmen. Bereit zu sein, endgültig auf das zu verzichten, was nie gewesen ist, bereit zu sein anzuerkennen, dass existenzielle Bedürfnisse nicht erfüllt worden sind und auf diese Weise auch nie mehr erfüllt werden können.

Seine verinnerlichten Eltern aufzulösen bedeutet anzuerkennen, dass die eigene Fürsorge nur noch bei uns selbst liegt.

„Ich habe beschlossen, den Kontakt zu meiner Mutter abzubrechen", begann eine Personalberaterin eine Beratungsstunde. „Ich will mich nicht mehr so behandeln lassen, als wäre ich Luft für sie. Sie fragt nie nach, wie es mir geht, und kümmert sich nur um meine Kinder."

Viele Menschen, die sich auf dem Weg aus ihrer Erschöpfung befinden, beginnen, sich mit sich und ihren Prägungen auseinanderzusetzen. Früher oder später landen sie bei ihren Eltern und sind dann der Meinung, mit diesen ihre inneren Verletzungen aufarbeitend klären zu müssen. „Erst wenn ich mit meinen Eltern die Konflikte geklärt habe, erst wenn sie erkennen, was sie mir damals *angetan* haben, komme ich zur Ruhe und kann meine Probleme lösen", sind viele überzeugt. Und verlieren sich in unzähligen, meist vergeblichen Klärungsversuchen, die häufig zu verhärteten Fronten oder am Ende sogar zu Kontaktabbrüchen führen.

Diese Meinung ist jedoch eine Fehlüberzeugung.

Für einen erfolgreichen Weg aus der Erschöpfung und hin zu sich ist eine wichtige Erkenntnis Grundvoraussetzung: Sie brauchen keine Klärung mit ihren jetzigen Eltern, um zu sich zu finden. Die jetzigen Eltern sind nämlich längst nicht mehr die Eltern von damals. Selbst wenn Ihre Eltern sich heute für die Verletzungen von damals entschuldigen würden, die Wunden sind gerissen und die inneren Realitäten, die daraus entstanden, in Ihnen. Diese können nur Sie selbst auflösen – nicht, indem Sie sich mit Ihren jetzigen Eltern auseinandersetzen, sondern mit Ihren damals verinnerlichten. Nicht die äußeren Eltern sind das Problem und hindern Sie an einem freien und gesunden Leben, sondern die inneren Eltern. Diesen gilt es gegenüberzutreten, anstatt die äußeren, an einer kindlichen Ohnmacht leidend, weiter zu bekämpfen.

Ein sicheres Zeichen, seine verinnerlichten Eltern noch nicht aufgelöst zu haben, ist, wenn Sie sich trotz Ihres erwachsenen Alters nach wie vor Ihren Eltern gegenüber hilflos und ohnmächtig erleben, Sie sich schnell angegriffen fühlen, zwischen Aggression und Resignation, zwischen wütenden Kontaktabbruchfantasien und schlechtem Gewissen schwanken, anstatt den beiden ruhig auf Augenhöhe im Dialog zu begegnen – und dort Grenzen zu ziehen, wo Ihre Grenzen liegen.

„Ich habe mich am Wochenende wieder mit meiner Mutter streiten müssen. Sie fragt nie nach, wie es mir geht. Sie interessiert sich nicht für mich. Das hat sie noch nie getan", beklagte die Mutter von drei Kindern, die aufgrund eines Burnouts in die Behandlung kam, weil sie sich selbst so wenig für sich interessierte, dass sie sich immer mehr erschöpfte. „Ständig weiß meine Mutter es besser", sagte eine Krankenschwester, „man kann einfach nicht das machen, was man selbst will." – „Meine Mutter ist einfach traurig, dass ich nun auch aus dem Haus bin", sagte eine Studentin, „da kann ich doch nicht sagen, dass sie mich nicht jeden Tag anrufen soll."

Viele streiten sich mit ihren äußeren Eltern, ohne zu bemerken, wie sehr sie den verinnerlichten noch folgen. Solange die verinnerlichten Eltern nach wie vor unbewusst zur eigenen Identität erklärt werden, haben die Betroffenen natürlich auch keine Chance, gegenüber den äußeren Eltern eine eigene Identität zu vertreten, sondern müssen sich kindlich hilflos über diese ärgern. Sie werden sich solange ärgern müssen, und manche tun dies ihr Leben lang, bis sie beginnen, *sich* zu verändern – sich und ihren Umgang mit sich selbst –, um ihren äußeren Eltern dann auf dieser eigenen Grundlage ein Gegenüber auf Augenhöhe zu bieten.

Diejenigen, die sich noch im Erwachsenenalter die Köpfe mit ihren Eltern einschlagen, sind meist diejenigen, die keine eigene wahre Identität entwickeln konnten, die nach wie vor den (an)erkennenden Blick der Eltern suchen, der als Kind existenziell notwendig war – anstatt zu erkennen, dass nur noch der eigene Blick sich selbst entdecken und zum Leben bringen kann.

Wenn Sie spüren, dass dies möglicherweise auch auf Sie zutrifft, dann gilt es auch für Sie zu lernen, Ihren Blick nicht mehr streitend oder fordernd auf Ihre Eltern zu richten, sondern auf sich selbst.

Sie haben dieses Buch gekauft, um sich zu erkennen und zu finden – tragen Sie diesem Vorsatz nun konsequent Rechnung. Wenden Sie den Blick von denen ab, die Sie nicht erkannt haben, und machen Sie sich auf die Suche nach sich selbst. Fangen Sie an, sich zu sehen – anstatt für sich blind zu bleiben und sich über die Blindheit der anderen zu beschweren.

Verschwenden Sie Ihre Energie nicht in die Verärgerung, sondern investieren Sie sie in die Veränderung.

Verschwenden Sie Ihre Energie nicht in die Verärgerung, weder über sich noch über Ihre Eltern – *verändern Sie sich.* Hören Sie auf, das mit sich zu machen, was Sie Ihren Eltern bisher vorwerfen. Und bieten Sie Ihren Eltern auf dieser neuen Grundlage ein Gegenüber auf Augenhöhe.

Seien Sie ein Gegenüber, das etwas entgegenzusetzen hat – nicht im Sinne eines Kampfes, einer Rebellion oder eines wütenden Kontaktabbruchs, sondern eine echte Alternative: Ihre eigene. Eine Alternative, die Ausdruck Ihrer eigenen Persönlichkeit ist. Entscheiden Sie, was für Sie wesentlich ist, und vertreten Sie dies. Werden Sie der, der Sie sind – auch Ihren Eltern gegenüber.

„Erst jetzt verstehe ich, was Freiheit bedeutet“, sagte ein Manager während eines intensiven Beratungsprozesses. „Je mehr ich mit mir im Dialog bin, je mehr ich den Blick für mich habe, umso weniger muss ich mich darüber aufregen, wenn meine Eltern dies nicht tun. Ich kann ihnen deutlich sagen, was notwendig ist und was nicht.“

„Erst als ich anerkennen konnte, dass meine Mutter keine Mutter für mich war und es auch nicht mehr sein kann und wird, erst als ich mich von dem Wunsch, das jetzt noch zu verändern, verabschieden konnte und ich angefangen habe, für mich die Fürsorge zu übernehmen, hat sich die Situation zwischen uns entspannt. Sie kümmert sich um ihre Enkelkinder, durchaus in dem von mir gesteckten Rahmen, den ich jedoch jetzt ganz anders vertreten kann als vorher, wo ich, verzweifelt und durchaus auch auf meine eigenen Kinder eifersüchtig, immer noch um ihre Aufmerksamkeit kämpfen musste."

„Ich hätte das nicht für möglich gehalten", sagte der Geschäftsführer einer Bank. „Je mehr ich mir selbst wert werde, umso weniger emotional erpressbar bin ich nicht nur meiner Mutter, sondern auch meinem gesamten Umfeld gegenüber. Je mehr ich mich davon löse, *eine Funktion sein zu müssen, um angenommen zu werden*, umso freier kann ich meine Grenzen im Außen ziehen und endlich Nein sagen, wenn ich Nein meine und fühle."

Lösung nicht durch Kontaktabbruch, sondern durch wahre Identität

Wer sich von seinen inneren Eltern befreien will, kann dies nur tun, indem er das nachholt, was damals als Kind nicht möglich war: dem Vater und der Mutter als ein Gegenüber auf Augenhöhe zu begegnen. Sie haben sich damals zurückgezogen und „Ihren" Platz geräumt. Auf diesem Platz sitzt nun ein verinnerlichtes Abbild von Mutter oder Vater, das Sie im Griff hält, weil Sie sich mit ihm identifiziert haben. Nun gilt es, Ihre Position wieder einzunehmen. Sie kehren wieder auf Ihren Platz zurück, den Sie mit Ihrer Mutter oder Ihrem Vater besetzt halten.

Dies ist folgendermaßen möglich: Werden Sie sich bewusst, wie Ihr Vater und Ihre Mutter mit Ihnen umgegangen sind. Wie sind die beiden mit Ihnen in Beziehung getreten, welches Bild haben sie Ihnen dadurch von sich vermittelt? Dieses Bild haben Sie verinnerlicht und einen entsprechenden Umgang mit sich und mit Ihrer Umwelt daraus entwickelt. Wie sieht dies konkret aus? Hindert dieses Bild Sie an einem wesentlichen Leben? An Ihrem Leben? Und wenn ja, in welchen Bereichen?

Erst wenn Sie sich Ihrer verinnerlichten Eltern bewusst werden, können Sie erkennen, dass Sie nicht sind, was Sie Jahr um Jahr gelebt haben. Und über diese Erkenntnis von „Das bin nicht ich" können Sie wieder ein Gefühl für sich entwickeln.

Ein Gefühl für sich selbst kann häufig erst aus der Abgrenzung heraus entstehen, aus dem Wissen: Das entspricht mir nicht, ich bin anders.

Die Bewusstwerdung der verinnerlichten Eltern dient einzig und allein der Bewusstwerdung der eigenen Person. Sie ist nichts anderes als die Brücke, die betreten werden muss, um zu sich selbst zu finden. Die Brücke, die Sie betreten, um die falsche Identität als solche zu entlarven und dadurch ein Gefühl von sich zu bekommen.

Wichtig ist, dass es sich bei dieser fragenden Suche nicht um ein rationales Erkennen, sondern um ein emotionales Erfassen handelt. Es reicht nicht, dass Sie Ihre verinnerlichten Eltern rational erkennen, Sie kommen nicht umhin, diese auch zu fühlen.

„Aber was mache ich denn, wenn ich nun erkenne, dass mein Vater mich nur über Leistung definiert hat und ich dies selber tue? Ich kann mir doch nicht befehlen, das jetzt einfach sein zu lassen!", sagte eine Frau, die erkannt hatte, wie sehr sie die ablehnende Mutter verinnerlicht hatte.

Die Erkenntnis über die verinnerlichten Eltern ist immer nur der erste Schritt, auf den der nächste und darauf wiederum der nächste folgt. Vom Prinzip her gilt es in dieser Erkenntnis nun das nachzuholen, was Ihnen damals nicht möglich war: den Eltern ein Gegenüber zu bieten.

Denken Sie daran: Innere Realitäten können immer nur in Momenten der eigenen Ohnmacht entstehen, des eigenen inneren Rückzugs. Es gilt nun den damals vollzogenen inneren Rückzug zu verlassen und den verinnerlichten Eltern auf Augenhöhe im Dialog zu begegnen. Dies können Sie jedoch nur, wenn Sie das tun, was Ihnen damals nicht möglich war: wenn Sie den Blick auf sich richten, mit sich in Beziehung treten und daraus eine eigene Einstellung entwickeln. Tun Sie das, was Ihre Eltern damals nicht getan haben: Treten Sie mit Ihrem Wesen in den Dialog und fragen sich, wie Sie mit sich umgehen wollen, was Sie brauchen und was nicht. Die verinnerlichten Eltern aufzulösen ist nichts anderes als eine Umkehr des damaligen Entstehungsprozesses. Sie holen jetzt spiegelverkehrt das nach, was damals falsch lief und Ihnen gefehlt hat. Die verinnerlichten Eltern aufzulösen heißt, diese durch eine eigene Identität, durch Sie selbst, zu ersetzen.

Vor diesem Hintergrund ist es also nach dem ersten Schritt der Erkenntnis an der Zeit, den Blick von den verinnerlichten Eltern abzuwenden und seine ganze Konzentration auf sich zu richten. Ihre Mutter hat Sie abgelehnt – wie stehen Sie zu sich? Ihr Vater hat Sie über Leistung definiert – was entspricht Ihnen? Ihre Eltern haben Sie aufgrund Ihrer stetigen Verantwortungsübernahme angenommen – wo sehen Sie Ihren Wert?

Wenden Sie den Blick von den verinnerlichten Erfahrungen ab, ohne sie zu verdrängen, in dem Wissen, dass nur Sie jetzt zählen. Nachdem der erste Schritt die Frage „Wer waren meine Eltern?" beinhaltet, lautet die Frage im folgenden Schritt: Und wer bin ich? Was entspricht mir in dieser Frage? Was ist meine Einstellung dazu? Diese Fragen sollten Sie sich unermüdlich stellen, so lange, bis Sie eine Antwort darauf gefunden haben.

Die eigene Identität zu bilden heißt, in Kontakt mit dem eigenen Wesen zu kommen und dort zu erspüren, wer Sie in Ihren Möglichkeiten und Unmöglichkeiten sind. Es ist kein Prozess des rationalen Erkennens, es ist ein Prozess des Spürens und des Erfahrens. Denken Sie daran. Sie können kein Gegenüber werden, wenn Sie nicht das fühlen, was Sie denken.

„Zum Anfang war es unmöglich für mich", sagte eine Frau. „Ich wusste zwar, ich bin nicht so hart wie meine Mutter, aber ich wusste nicht, wie ich war – ich suchte in mir und fand nichts. Dann versuchte ich eben, nicht so hart zu sein, und dann ganz weich. Bis ich merkte, dass dies keine Lösung war, denn es ging weder um Härte noch um Weichheit. Es ging darum, so mit mir und anderen umzugehen, wie es mir entsprach, eben auf meine Art und Weise."

„Erst als ich meinen Weg gefunden hatte, wusste ich: Das ist es. Das bin ich. Und mein Weg war vollkommen anders als bei meinem Vater. Ich habe dann zwar auch Leistung erbracht, aber auf einem ganz anderen Niveau. Ich habe geleistet, weil ich wollte – und nicht mehr, weil ich musste. Es war ein Gefühl von Freiheit und von Freude."

„Wann ich wusste, dass ich das war?", fragte ein Manager am Ende seiner Burnout-Bewältigung. „Das kam irgendwie schleichend. Und dann wusste ich es plötzlich. Und da gab es auch keinen Zweifel. Es war einfach eine ruhige Klarheit. Vorher war es ein Probieren, so lange, bis sich eine Gewissheit einstellt."

Abschied, indem wir Frieden schließen mit der Vergangenheit

Lassen Sie mich an dieser Stelle einen kurzen Punkt ergänzen, der möglicherweise für diejenigen hilfreich ist, die spüren, dass Sie sich nicht von ihren verinnerlichten Erfahrungen lösen können. Die spüren, dass sie, obwohl sie darunter so sehr gelitten haben und leiden, nicht dazu in der Lage scheinen, sich davon zu befreien. „Vom Kopf her weiß ich natürlich, dass ich mir selbst schade", sagte ein Berater, „aber ich kann einfach nicht anders, irgendwie muss ich so weitermachen."

> *Je ablehnender die elterliche Erfahrung war, umso stärker ist in der Regel die Verinnerlichung und die Identifikation mit dieser Erfahrung.*

„Ich weiß ja, dass es darum geht, mich selbst anzunehmen", sagte eine Anwältin, die ihr Leben lang unter der Nicht-Annahme Ihrer Mutter litt. „Aber ich kann mir das doch jetzt nicht befehlen. Wie kann das gehen?" Die Frage „Wie kann ich mich selbst lieben, wenn ich nicht geliebt wurde?" bewegt viele auf dem Weg zu sich selbst. Die Antwort darauf ist folgende: Indem Sie aufhören zu wollen, dass Ihre Eltern Sie wollten. Indem Sie akzeptieren, wie es war, und vor allem auch, wie es eben nicht war. Sind Sie bereit, all dies zu sehen und mit all dem, was Sie so verletzt und bis heute so in Unruhe gebracht hat, in Frieden zu kommen? Solange Sie darauf nicht verzichten können, so lange sind Sie gezwungen, sich mit

Ihrer inneren Mutter oder Ihrem Vater zu identifizieren. An beiden festzuhalten – und gleichzeitig an dem, was Sie zerstört und am Leben hindert.

Wenn Sie also auf dem Weg zu sich selbst feststellen, dass es Ihnen nicht wirklich gelingt, mit sich in den Dialog zu treten und ein Leben zu leben, das Ihnen entspricht, dann fragen Sie sich bitte, ob Sie wirklich bereit sind, Ihre verinnerlichten Eltern aufzugeben. Stellen Sie sich die Frage: Kann ich auf das verzichten, was zu Unrecht nicht war? Komme ich damit in Frieden?

Solange dies nicht der Fall ist, halten Sie unbewusst an der Mutter oder dem Vater fest, den Sie gleichzeitig auflösen wollen. Dieses Festhalten an dem, was aufzulösen notwendig wäre, macht nicht nur viele Therapien zunichte, sondern lässt die Betroffenen sich immer weiter erschöpfen. Sie geben auf der einen Seite Vollgas und treten auf der anderen Seite auf die Bremse. „Ich kämpfte die ganze Zeit verzweifelt gegen meine innere Mutter an, um sie gleichzeitig festzuhalten, weil ich mir immer noch wünschte, dass sie mir die Liebe und Aufmerksamkeit gibt, die ich nie von ihr bekommen hatte." – „Es ist mit das Schwerste auf diesem Weg für mich gewesen anzuerkennen, dass mein Vater mich nicht gesehen hat und wohl niemals sehen wird", sagte ein Geschäftsführer.

„Aber erst als mir dieser Verzicht gelang, erst als es mir gelang, auf seine Anerkennung zu verzichten, konnte ich mich endlich von diesem selbstzerstörerischen Drang, immer besser und erfolgreicher als die anderen sein zu müssen, befreien."

Der zu sein, der man ist, heißt, auf die Eltern endgültig zu verzichten – und damit auch auf die unerfüllte Liebe und vorenthaltene Anerkennung. Wenn Sie sich auf den Weg zu sich machen, wenn Sie sich aus Ihrer Erschöpfung befreien wollen und sich nun mit Ihren inneren Realitäten auseinandersetzen, so seien Sie sich bitte dieses Verzichts bewusst. Fragen Sie sich, bevor Sie weitergehen und gleichzeitig die Handbremse ziehen: Sind Sie schon so weit? Sind Sie bereit zu verzichten? Sind Sie bereit, mit Ihren Eltern Frieden zu schließen? Und denken Sie daran – Sie können nicht über

Ihren Willen loslassen – hier geht es nicht um rationale Bekenntnisse und Willensbekundungen, sondern um eine tiefe emotionale Bereitschaft anzuerkennen, was ist.

Die Befreiung von inneren Realitäten

„Freiheit ist das, was ist, beim Namen zu nennen."

Kennen Sie das Märchen von Rumpelstilzchen? Es zeigt in märchenhafter Form die Entstehung von inneren Realitäten – und gleichzeitig auch die Möglichkeit der Auflösung. Im Folgenden soll es kurz erzählt werden, um Ihnen dadurch einen Impuls zu geben, wie eine Befreiung von inneren Realitäten möglich ist.

Es war einmal ein Müller, der von seiner schönen Tochter behauptete, sie könne Stroh zu Gold spinnen. Er wollte sie an den König verheiraten. Der König lässt die Tochter kommen und stellt ihr die Aufgabe, über Nacht eine Kammer voll Stroh zu Gold zu spinnen, ansonsten müsse sie sterben.

Die Müllerstochter ist verzweifelt, bis ein kleines Männchen auftaucht und ihr gegen ihr Halsband Hilfe anbietet: Es spinnt für sie das Stroh zu Gold. In der zweiten Nacht wiederholt sich das Gleiche und die Müllerstochter gibt ihren Ring her. Darauf verspricht der König dem Mädchen die Ehe, falls sie noch einmal eine Kammer voll Stroh zu Gold spinnen kann. Diesmal verlangt das Männchen von der Müllerstochter ihr erstes Kind, worauf sie schließlich ebenfalls eingeht.

Nach der Hochzeit und der Geburt des ersten Kindes fordert das Männchen den versprochenen Lohn. Die Müllerstochter bietet ihm alle Reichtümer des Reiches an, aber das Männchen verlangt ihr Kind. Durch ihre Tränen erweicht, gibt es ihr aber drei Tage Zeit, seinen Namen zu erraten. Dann soll sie das Kind behalten dürfen.

In der ersten Nacht probiert es die Königin mit allen Namen, die sie kennt. Ohne Erfolg. In der zweiten Nacht versucht sie es erfolglos mit

Namen, die sie von ihren Untertanen erfragt hat. Am Tag darauf erfährt sie von einem Boten, dass ganz entfernt ein Männchen in einem kleinen Haus wohnt, das nachts um ein Feuer tanzt und singt:

Heute back ich, morgen brau ich,
übermorgen hol ich der Königin ihr Kind;
ach, wie gut, dass niemand weiß,
dass ich Rumpelstilzchen heiß!

Die Königin fragt zunächst, ob Rumpelstilzchen „Kunz" oder „Heinz" heiße und nennt dann erst den korrekt überlieferten Namen. So kann sie das Rätsel nun lösen, und Rumpelstilzchen zerreißt sich vor Wut selbst.

Denken Sie daran, wie innere Realitäten entstehen – durch die unwesentliche Atmosphäre im Elternhaus. Auch hier ist die unwesentliche Atmosphäre zwischen Vater und Tochter der Anfang der Geschichte, in der die Tochter vom Vater funktionalisiert wird. Für den eigenen Nutzen macht der Vater seine Tochter zu etwas, was diese nicht ist – und dementsprechend auch nicht leisten kann. Das Unmögliche wird damit zum Maßstab ihres Lebens. „Meine Tochter kann Stroh zu Gold spinnen." Alles, was dem Wesen des Kindes nicht entspricht, kann das Kind weder leisten noch verwirklichen und ist genauso zum Scheitern verurteilt wie viele Menschen, die sich in ihrem späteren Leben erschöpft haben aufgrund einer Atmosphäre, in der das Unmögliche möglich gemacht werden musste.

Die Tochter hat dem Vater keine eigene Identität entgegenzusetzen, unterwirft sich seinen Forderungen und versucht, diesen Forderungen gerecht zu werden. Dieser Prozess wird im Märchen sehr schön beschrieben: Es erscheint ihr ein kleiner, hässlicher Zwerg, der in seiner Figur den inneren Rückzug und die damit verbundene eigene Erniedrigung und Schrumpfung symbolisiert: die Entstehung der falschen Identität. Für seine vermeintliche Hilfe, die er der Königin anbietet, muss diese ihm etwas von sich geben – wodurch sie immer ohnmächtiger und ängstlicher wird. Die Forderungen gehen so weit, dass er am Ende das Kind verlangt, das sie geboren hat. Die Abgabe des Kindes im Märchen symbolisiert die endgültige Aufgabe des eigenen Wesens, die Abgabe der eigenen „inneren Wahrheit".

Aber es liegt auch der Schlüssel zur Heilung in dem Märchen: „Wenn du meinen Namen erfährst, dann kannst du dein Kind behalten", sagt der Zwerg, um gleichzeitig unerkannt immer mehr für Unruhe zu sorgen und das Dorf in Angst und Schrecken zu versetzen.

Wenn innere Realitäten wirken, so wirken sie vor allem durch ihr Unerkanntsein – zum Schrecken des Betroffenen und nicht selten „des Dorfes", in dem er wohnt. Die Macht der inneren Realitäten liegt darin, dass sie unbewusst wirken – und wir sie nicht als solche erkennen.

Und vor diesem Hintergrund offenbart sich der Schlüssel im Märchen, der auch für das „echte" Leben gilt: Der Schlüssel liegt in der Entzauberung des Unbekannten, durch das Erkennen und Benennen von dem, was ist – und er liegt in der unermüdlichen Bereitschaft der Königin, dies herauszufinden, um „ihr Kind" zu schützen. Und so schickt sie drei Männer erneut los, die dann das entdecken, was ist: am Ende nichts anderes als einen kleinen Zwerg, der lachend um ein Feuer tanzt.

Wenn Sie sich also auf den Weg zu sich selbst machen und sich aus Ihrer Erschöpfung befreien wollen, dann vergessen Sie nicht das Märchen von Rumpelstilzchen. Das Märchen eines kleinen Zwerges, der ein ganzes Volk nur deswegen in Angst und Schrecken versetzen kann, weil niemand ihn erkennt. Wenn Sie zu sich finden wollen, dann machen Sie sich auf die Suche nach dem, was Sie „in Angst und Schrecken", in *Erschöpfung* versetzt, Sie an Ihrem Leben hindert, und finden Sie den Namen der Ursache. Erkennen Sie Ihre inneren Realitäten und entmachten sie diese, indem Sie sie beim Namen nennen. Je sicherer Sie diesen Namen finden, desto mehr können Sie dem, was Sie ängstigt und hindert, auf Augenhöhe begegnen. Je mehr Sie wissen, wer Sie sind, können Sie Ihre „zwergenhafte" Position verlassen und werden erkennen, dass Ihre innere Realität dadurch zusammenschrumpft. Bis sie schließlich ganz „platzt" – sobald Sie wieder Ihren Platz eingenommen haben. Seine inneren Realitäten aufzulösen heißt, den Blick wieder auf sich zu richten und sich den Namen zu geben, den man mit der Entstehung der inneren Realität verloren hat.

Es gilt, sich aus der Position des inneren Rückzugs heraus wieder in den Dialog zu bewegen und der inneren Realität auf Augenhöhe zu begegnen, um diese dann durch sich selbst und seine wahre Identität zu ersetzen. Finden Sie genau heraus, wann und wodurch Ihre innere Realität entstanden ist. Bringen Sie Bewusstsein in Ihre Ohnmacht und finden Sie dann zu einer eigenen Einstellung. Innere Realitäten aufzulösen ist immer ein Weg. Und es ist stets ein Weg der emotionalen Verarbeitung.

Seine inneren Realitäten aufzulösen heißt, den Blick wieder auf sich zu richten und sich den Namen zu geben, den man mit der Entstehung der inneren Realität verloren hat.

Blockaden, die am Aufbruch hindern

„Habe ich mich selbst aufgegeben?
Habe ich die Überzeugung verloren, dass es echtes Glück
für mich geben kann?"

Bevor Sie sich weiter auf den Weg zu sich machen, möchte ich Ihnen eine weitere Frage stellen. Eine Frage, die sich viele nicht trauen zu stellen und deren Antwort häufig ein Grund ist, warum nicht wenige, die vermeintlich nach sich selbst suchen, sich nicht finden – egal, was und wie viel sie dafür unternehmen.

Bevor Sie sich von Ihrem Funktionieren befreien und zurück ins Leben finden wollen, bevor Sie sich auf die Suche nach sich selbst und einem wesentlichen Leben machen wollen, gilt es, sich zu fragen: Wollen Sie überhaupt leben?

„Ob ich leben will? Sonst wäre ich ja wohl nicht den weiten Weg zu Ihnen angereist“, sagte ein Geschäftsmann. „Natürlich will ich leben, sonst wäre ich ja nicht in der Klinik“, sagte eine alleinerziehende Mutter. „Ob ich leben will? Ich leide wie ein Hund!“, sagte ein 40-jähriger Redakteur. „Glauben Sie denn, dass das Ganze hier nur eine Alibifunktion hat, damit ich mir selbst beweisen kann, dass nichts hilft?“, fragte der Geschäftsmann.

Haben Sie sich einmal überlegt, , was Menschen im Außen alles veranstalten, die innerlich schon längst die Hoffnung aufgegeben haben? Die sich in ihrem Inneren schon längst von dem verabschiedet haben, was sie im Außen zu finden versuchen und dort mit allem Nachdruck vertreten?

Ich erlebe immer wieder Menschen, die zu mir in die Beratung kommen, die sich aufgrund von inneren unverarbeiteten Realitäten längst selbst aufgegeben haben. In denen das unerbittliche Regime der verinnerlichten Eltern zu einer tiefen Resignation dem eigenen Leben gegenüber geführt hat. Es gibt unzählige Menschen, die im Außen ihrem scheinbaren Leben nachgehen und sich innerlich längst vom Leben verabschiedet haben, nach jahrelangen vergeblichen Mühen, innerer tiefer Traurigkeit, unermesslicher Wut und tiefer Verzweiflung.

„Aber angenommen, es stimmt, ich meine angenommen, ich hätte mich tatsächlich aufgegeben – was wäre dann?“, fragte eine Frau. „Dann ist doch alles verloren“, sagte der Geschäftsführer, der den weiten Weg nach zahllosen gescheiterten Therapien auf sich genommen hatte. „Dann ist doch alles verloren!“

Verloren ist alles, wenn Sie aufgegeben haben und dies nicht erkennen.

Warum sollte jedoch alles verloren sein, wenn Sie es erkennen? Wenn Sie es erkennen, dann haben Sie die Möglichkeit der Veränderung, dann haben Sie die Wahl. Sie haben die Wahl, was Sie aus Ihrem Leben machen wollen, das Sie aufgegeben haben. Sie haben die Wahl zu entscheiden, ob Sie in der Aufgabe bleiben oder ob Sie leben wollen. Wenn Sie erkennen, dass Sie aufgegeben haben, dann haben Sie alle Möglichkeiten. Wenn Sie es nicht erkennen, sind Sie heillos verloren.

Der Weg zu sich ist immer ein Weg der Wahrheit und kann nur dann gelingen, wenn man zu der Wahrheit bereit ist. Bereit ist, sich anzusehen, was ist. Dazu gehört auch die Bereitschaft zur Frage, ob man wirklich leben will.

Wer zu sich finden will, der muss wissen, dass dies immer auch mit Konsequenzen verbunden ist. Deswegen ist es auch wichtig zu wissen, ob Sie auch wirklich leben wollen, denn nur wer tatsächlich leben will, ist auch bereit, die dafür notwendigen Konsequenzen zu tragen. Alle anderen werden die Kraft nicht aufbringen.

Bevor Sie sich also auf die Suche nach sich selbst machen und weiterlesen, gilt es für einen Moment innezuhalten und sich zu fragen: Wollen Sie wirklich leben?

Oder gibt es möglicherweise in Ihnen innere Realitäten, die Sie bereits unbemerkt längst aufgeben haben lassen?

Solange Sie diese Frage nicht mit einem klaren Ja beantworten können, können Sie jeden Versuch, ein wesentliches Leben zu führen und jede Suche nach sich selbst sein lassen – Sie werden scheitern und mit Ihnen all diejenigen, die Sie um Hilfe bitten.

Wenn Sie nicht wollen, dann werden Sie nicht leben.

Erst, wenn Sie die Frage mit einem klaren Ja beantworten können, lohnt es sich für Sie weiterzulesen – denn erst, wenn Sie leben wollen, werden Sie auch bereit und in der Lage sein zu sehen, was ist – und was nicht.

4. Kapitel

In allen sechs Lebensbereichen im Dialog und zu Hause

Fühlen Sie sich in Ihrem Leben zu Hause?

„Wer sich auf die Suche nach seiner inneren Wahrheit macht, der kann im Außen keinen anderen Weg gehen."

Der zu sein, der man ist, setzt nicht nur die Bewusstwerdung des eigenen Wesens voraus, sondern es ist ebenso wichtig, diesem Wesen einen Ausdruck im Leben zu geben.

Identität heißt nicht nur, sich in sich zu finden, sondern sich auch im Außen (wieder) zu finden. Es bedeutet inneren und äußeren Dialog.

Eine entscheidende Voraussetzung für ein gesundes und erfülltes Leben ist, eine Heimat zu besitzen und sich beheimatet zu fühlen. Mit Heimat ist hier sowohl die innere wie auch die äußere Heimat gemeint. Sie können nur gesund und leistungsfähig werden und bleiben, wenn Sie sich in sich und mit sich „zu Hause" fühlen, wenn Sie in dem, wer Sie sind, Ihrem Wesen, Ihre Heimat spüren. Sich in sich beheimatet zu fühlen, ist Grundvoraussetzung für einen beständigen inneren Dialog. Wer sich nicht in sich zu Hause fühlt, wird nie zur Ruhe kommen können, egal, was er im Außen veranstaltet.

Dies reicht jedoch für ein langfristig gesundes und erfolgreiches Leben nicht aus. Sie benötigen ebenso ein äußeres Zuhause, in dem Sie sich wohl- und wertgeschätzt fühlen und auf dessen Grundlage Sie sich den Herausforderungen des Lebens stellen können. Nur wer sagen kann: „Dort, wo ich bin, fühle ich mich zu Hause – ich fühle mich in meinem Leben, das ich lebe, beheimatet" wird sein Leben erfolgreich bestehen können. Diejenigen, die unter einem Burnout leiden, können dies nicht von sich sagen – sie alle hatten sich über eine innere und äußere Heimatlosigkeit in ihrem Leben erschöpft, selbst wenn sie unter noch so teuren Dächern lebten und von einem noch so großen materiellen Reichtum umgeben waren.

Wenn Bekanntes mit Heimat verwechselt wird

Haben Sie schon einmal eine Sonnenblume in den Schatten gepflanzt? Oder ein Schattengewächs in die pralle Sonne? Diejenigen, die dies getan haben, werden gesehen haben, was geschah: Die Blumen gingen ein. Sie können eine Sonnenblume in den Schatten pflanzen, aber sie wird nicht blühen, auch wenn sie sich noch so sehr anstrengen würde. Das Gleiche gilt für ein Schattengewächs, das unter der prallen Sonne verbrennen würde.

Ein Grund, warum viele in ihrem Leben nicht angekommen sind und das Gefühl haben, viel mehr zu funktionieren als tatsächlich zu leben, ist, dass sie Bekanntes mit Heimat verwechseln. Grund dafür ist, dass sie unbewusst ihren inneren Realitäten und Prägungen folgen und auf dieser Grundlage ein vermeintliches Zuhause gebaut haben, das kein echtes zu Hause ist. Sie muten sich äußere Bedingungen zu, die fernab der Bedingungen sind, die sie eigentlich ihrem Wesen nach benötigen.

Doch was heißt eigentlich, ein wesentliches Leben zu führen?

Was macht eine wesentliche Atmosphäre aus?

Eine endgültige Antwort darauf, was wesentliche Bedingungen sind, kann am Ende immer nur von jedem Einzelnen beantwortet werden – nämlich seinem Wesen entsprechend. Es kann nur von jedem einzelnen beantwortet werden und es muss von jedem Einzelnen beantwortet werden, der leben will.

Es gibt sechs zentrale Lebensbereiche im Leben eines Menschen, die das Fundament für ein gesundes und erfülltes Leben bilden. Dies ist der Bereich der Partnerschaft, des Berufes, der Gesundheit, des Glaubens, der Individualität und der sozialen Kontakte. Wenn Sie in jedem dieser sechs Lebensbereiche dort stehen, wo Sie stehen wollen, wenn Sie im inneren und im äußeren Dialog sind, dann sind Sie nicht nur weit entfernt davon auszubrennen, sondern Sie leben ein wesentliches und identisches Leben. Die Menschen, die sich in ihrem Leben erschöpft haben, standen in fast keinem der Lebensbereiche mehr dort, wo sie stehen wollten, die einzelnen Lebensbereiche waren durch innere und äußere Konflikte höchst belastet und bei vielen Betroffenen waren von den sechs Bereichen zum Teil nicht einmal mehr drei ausgebildet.

Der zu sein, der ich bin, heißt nicht, seine Identität in den einzelnen Lebensbereichen zu suchen, sondern seine Identität in den einzelnen Lebensbereichen zu leben.

Auf dem Weg aus der Erschöpfung, hin zu sich selbst, steht in den folgenden Abschnitten nun also ein klärender Blick auf diese sechs Lebensbereiche an. Mit dem Ziel, diese so für sich zu ordnen, dass am Ende in jedem der Lebensbereiche der innere und äußere Dialog gegeben ist, gilt es für Sie in jedem dieser Bereiche eine persönliche Bestandsaufnahme vorzunehmen. Dabei sind folgende Fragen zu klären:

Wo stehen Sie in den einzelnen Lebensbereichen? Stehen Sie dort, wo Sie stehen wollen?

Was macht das Wesen der einzelnen Bereiche aus – und was für wesentliche Voraussetzungen müssen in den einzelnen Lebensbereichen für Sie persönlich erfüllt sein, damit Sie sich dort zu Hause fühlen?

Könnte es sein, dass Sie sich deswegen in Ihrem Leben erschöpft haben, weil Sie Bekanntes fälschlicherweise mit Heimat verwechselt haben und/oder Sie im übertragenen Sinne unbemerkt als Sonnenblume im Schatten stehen?

Was ist Ihre wahre Identität in den einzelnen Bereichen?

Der Verlust von Gefühl

„Wer nicht fühlt, der bleibt blind für die Welt und für sich selbst."

Eine echte Antwort auf die Frage nach Identität können Sie nur finden, wenn Ihr Verstand mit Ihrem Gefühl im Dialog ist. Solange Sie „denkend" an die Frage nach Identität herangehen, werden Sie keine echte Antwort erhalten. Es gibt genügend Menschen, die sich ihre Lebensbereiche zurechtgedacht haben und dementsprechend in ihnen leidend funktionieren.

Die Angst vor dem, was nicht sein darf, weil man nicht will, dass es ist, die Angst vor dem vermeintlichen Scheitern führt häufig dazu, dass die Betroffenen sich emotional blockieren. Sie stellen ihre Gefühle ab, verdrängen sie mit aller Macht und versuchen, mit ihrem Verstand nach Lösungen zu suchen, von denen sie rational meinen, dass dies die richtigen sind. Die Frage nach der eigenen Identität, die Suche nach sich selbst kann nur gelingen, wenn Sie erkennen, dass Wahrheit unabhängig von Ihrem Willen ist. Ihre Identität können Sie nicht wollen, Ihre Identität ist Ihrem Wesen gemäß.

Jede rationale Erkenntnis, die nicht von einem emotionalen Wissen begleitet wird, ist nicht nur nicht zielführend, sondern verschlimmert häufig die Situation auch noch. Die Suche nach dem eigenen Leben, nach der eigenen wahren Identität, nach einem äußeren Zuhause ist unabdingbar mit Ihrem Gefühl verknüpft. Viele betrachten sich jedoch als einen rationalen Menschen und verstehen die Frage nach der eigenen Identität als einen rationalen Plan, den es für sie abzuarbeiten gilt.

Wenn dies auch bei Ihnen der Fall ist, sollten Sie zunächst innehalten und einen Zugang zu Ihren Emotionen entwickeln. Fragen Sie sich, was Sie daran hindert, mit diesen Fragestellungen, mit der Frage nach Ihrer Identität und einem wesentlichen Leben, auch emotional in Dialog zu treten.

Nicht zu fühlen, sondern nur noch zu denken, ist häufig eine innere Realität, die aufgrund von zu schmerzhaften Erlebnissen in den prägenden ersten Jahren oder durch einschneidende Erlebnisse in späteren Jahren entstanden ist. So berichtete eine junge Frau, seit dem Tod Ihrer Mutter „wie erstarrt zu sein und Gefühle nicht mehr gefühlt zu haben“. Ein Mann berichtete nach der Trennung von seiner Partnerin, jegliches Gefühl „verloren“ zu haben, während eine junge Frau im Laufe der Beratung erkannte, schon in frühen Jahren durch die konfliktreiche Atmosphäre im Elternhaus „mit dem Fühlen aufgehört zu haben“, wohingegen eine andere Frau berichtete, dass Ihre innere Realität, „gute Miene zum bösen Spiel zu machen“, jegliche „negativen“ Gefühle gar nicht ins Bewusstsein kommen ließ.

„Ich habe von Beginn an gelernt, alles mit dem Verstand zu meistern", sagte ein Student, der sich aufgrund von innerer Leere in die Beratung begab. „Wer fühlt, ist am Ende immer schwach."

Viele, die solche inneren Realitäten unbewusst in sich tragen, bezeichnen sich häufig „als rationale Menschen" und finden es normal, nicht zu fühlen. In der Überzeugung *nicht fühlen heißt gut gehen* fühlen sie meist nur über ihren Körper und erkennen meist erst durch massive Körpersymptome, dass „etwas nicht stimmt" und wie sehr sie erschöpft sind.

Häufig wird dann in der Beratung deutlich, dass unbewusst eine große Angst davor besteht zu fühlen, was man fühlt. Eine große Angst besteht, mit den Gefühlen nicht umgehen zu können und von ihnen überschwemmt zu werden.

Unverdaute Gefühle, je schmerzhafter sie sind, „fressen" umso mehr Energie, wenn der Betroffene sie verdrängt. Unverdaute Gefühle zu verdrängen ist kein einmaliger, sondern ein beständiger Prozess. Um die Gefühle „in Schach zu halten", muss Tag für Tag eine enorme Kraft aufgebracht werden. Ohne es zu bemerken, verlieren die Betroffenen dabei immer mehr an Energie, sodass das, was eigentlich vor einem Zusammenbruch schützen soll, am Ende zum Zusammenbruch führt.

Wenn Sie sich also aus Ihrer Erschöpfung befreien und sich nun mit den einzelnen Lebensbereichen auseinandersetzen wollen, dann gilt es, dass Sie wieder zu fühlen beginnen. Dass Sie den Mut aufbringen zu fühlen, was Sie lange Zeit nicht fühlen wollten. Dass Sie beginnen zu fühlen, was ist.

Erster Lebensbereich: Partnerschaft

„Auch wenn die meisten dies über dem Alltag vergessen oder aufgrund innerer Realitäten für unmöglich halten – das Wesen der Partnerschaft ist die Liebe – eine Liebe, die aus dem eigenen Wesen entspringt und sich im Wesen des anderen wiederfindet."

„Aber ich will nicht herausfinden, dass ich meine Frau und meine Kinder verlassen muss", sagte ein erfolgreicher Geschäftsführer zu Beginn einer Beratung, die er aufgrund einer wachsenden Erschöpfung aufgesucht hatte. Das waren seine ersten Worte, ohne dass die Sprache zuvor auf seine Familie gekommen wäre.

Wir Menschen brauchen ein Zuhause, um leben zu können. In fast jedem von uns steckt der Wunsch nach Nähe, nach einem Bezugspunkt im eigenen Leben, einem Ort, an dem man auftanken und zur Ruhe finden kann, einem Ort, an dem man um seiner selbst willen geliebt wird, einem Ort, an dem man „angekommen ist".

Partnerschaft und die eigene Familie sind nach wie vor der Bereich, in dem die meisten danach suchen. Neben dem Beruf ist es für die Mehrzahl der zentrale Bereich in ihrem Leben. Es ist einer der beiden Bereiche, mit dem sich die Menschen am stärksten identifizieren, und deswegen auch einer derjenigen, in dem sich die meisten erschöpfen, wenn dort kein Dialog herrscht.

Haben Sie sich einmal gefragt, warum in unserer heutigen Zeit so viele Ehen scheitern? Warum ein beständiges Miteinander immer unmöglicher erscheint? Was macht eine gute Partnerschaft eigentlich aus? Welche Voraussetzungen müssen erfüllt sein, um das, was sich jeder von uns im tiefsten Innersten wünscht, auch langfristig leben zu können?

Wo stehen Sie in Ihrer Partnerschaft?

Wenn Partnerschaft nicht gelingt, dann wirkt sich dies immer auf das gesamte Leben aus. Wer kein Zuhause hat, der wird nicht nur immer kraftloser, sondern sein Leben irgendwann auch immer erfolgloser.

„Ich hätte es nie für möglich gehalten", sagte ein Manager, „aber je schlechter meine Ehe lief, je anstrengender und leerer es zu Hause wurde, umso schlechter lief es im Beruf. Zuerst dachte ich, es sei ein Zufall, dass einige meiner Kunden plötzlich wegbrachen – jetzt im Nachhinein verstehe ich, warum dies passieren musste – ich war so belastet, dass ich dementsprechend auch aufgetreten bin."

„Im Nachhinein frage ich mich, wie ich das Ganze solange habe aushalten können", sagte ein Manager, der sich über einen Partnerschaftskonflikt erschöpft hatte.

„Meist erkennt man erst im Nachhinein, was man sich selbst zugemutet hat", sagte eine Anwältin, die erst als sie „eines Tages nicht mehr aufstehen konnte", den Entschluss fasste, sich von ihrem Partner zu trennen.

„Rückblickend betrachtet, habe ich das Ganze nur ertragen, weil ich mich in die Arbeit gestürzt habe", sagte ein Geschäftsführer. „Damals, als ich mittendrin war, habe ich gar nicht bemerkt, wie viel Kraft mich das Ganze gekostet hat."

Dabei waren es nicht nur offene, sondern auch versteckte Konflikte, die aufgrund von Resignation oder Harmoniesucht von den Partnern nicht angesprochen wurden und eine immer unwesentlichere Atmosphäre erzeugten, in der diejenigen, die sich eigentlich am meisten zu sagen haben sollten, zwar Worte wechselten, aber längst aufgehört hatten, miteinander zu sprechen.

Partnerschaft kann nur gelingen, wenn beide Partner miteinander im Dialog sind.

Haben Sie sich einmal gefragt, woran Sie erkennen, ob Sie in Ihrer Partnerschaft noch im Dialog sind? Und woran Sie erkennen, dass Sie ihn verloren haben?

Sich bei dem anderen zu Hause fühlen, angekommen sein

Grundlage für eine gelingende Partnerschaft ist, sich bei dem anderen zu Hause zu fühlen. Ein zentrales Merkmal, dass man in seiner Partnerschaft den Dialog verloren hat, ist, dass dieses Gefühl nicht mehr vorhanden ist.

„Ich habe das Gefühl, ich bin zu Hause nur noch Gast", sagte ein gut situierter Wirtschaftsprüfer. „Wir haben ein Zuhause, um das uns viele beneiden. Doch wenn ich in dieses Zuhause komme, dann ist zwar im Außen alles da, aber im Innen, zwischen meiner Frau und mir, ist es leer, ziemlich leer. Ehrlich gesagt ist da eigentlich nichts."

„Gestern Abend rief mein Mann von unterwegs an und fragte mich, ob ich mich freue, dass er gleich nach Hause kommt", berichtete eine erschöpfte Mutter von drei Kindern „Ich habe Nein gesagt."

Grundlage für eine gelingende Partnerschaft ist, sich bei dem anderen zu Hause zu fühlen.

„Ob ich mich auf meine Familie am Wochenende freue?", fragte ein Berater, der beruflich die Woche über unterwegs war. „Ehrlich gesagt: Ich weiß es nicht. Doch. Auf meine Kinder. Auf meine Kinder freue ich mich."

Obwohl für die meisten die Familie und die Partnerschaft das äußere Zuhause darstellen, fühlen sich Menschen, die sich durch ihre Partnerschaft erschöpft haben, dort nicht zu Hause. Den wenigsten von ihnen ist dies zunächst jedoch bewusst. Erst, wenn die Betroffenen sich auf den Weg zu sich selbst machen, erkennen sie, dass das Gefühl, das sie zwischenzeitlich immer wieder verspürten, das Gefühl, dass irgendetwas in ihrer Partnerschaft nicht stimmte, das Fehlen von Geborgenheit war. Es war das Fehlen, sich bei dem anderen beheimatet zu fühlen. Wer sich bei seinem Partner nicht zu Hause fühlt, der kommt auch in seiner Partnerschaft nicht wirklich an. Der kann nicht wirklich da sein – der kann nicht wirklich bleiben und der wird früher oder später wieder gehen. Zuerst in seinem Inneren und dann irgendwann auch im Außen.

„Es war gar nicht so sehr, dass wir uns viel gestritten hätten", sagte ein Geschäftsführer. „Wir hatten uns einfach nur nichts mehr zu sagen."

„Es waren gar nicht so sehr die Konflikte, die mich belastet haben", sagte ein Berater, „sondern mich in meinem eigenen Haus als Fremder zu fühlen." Tagtäglich mit einem Zuhause konfrontiert zu werden, das kein Zuhause ist, ist sowohl für die Betroffenen wie auch für die Beziehung höchst belastend.

Ein Zuhause ist das Fundament für die Partnerschaft. Es ist das Fundament, um den Alltag zu meistern, das Fundament, auch in konfliktreichen Situationen im Dialog zu bleiben, das Fundament, Konflikte zu lösen, das Fundament für ein gemeinsames Leben.

In der eigenen Bestandsaufnahme gilt es für Sie, sich nun die Frage zu stellen: Fühlen Sie sich bei Ihrem Partner zu Hause?

Ist Ihr Partner/ Ihre Partnerin Ihre Heimat oder bietet er/sie Ihnen nur ein Dach über dem Kopf?

Innere Realitäten in der Partnerschaft

Viele fühlen sich nicht nur aufgrund äußerer Faktoren in ihrer Partnerschaft nicht zu Hause, sondern kommen deswegen nicht an, weil innere Realitäten ein Ankommen verhindern.

Ein Großteil der Beziehungen scheitert aufgrund von nicht gelösten inneren Realitäten einer oder beider Partner. Sie führen zu Ansprüchen, Erwartungen und Notwendigkeiten, die nicht zu erfüllen sind, oder zu Überzeugungen und Verhaltensweisen, die eine partnerschaftliche Nähe nicht ermöglichen. Wer in seinen inneren Realitäten gefangen ist, wird fälschlicherweise das Gefängnis in der Partnerschaft sehen, solange, bis er erkennt, dass es in ihm selbst liegt. Auch für den Bereich Partnerschaft gilt: Die meisten scheinbar unlösbaren Konflikte, die Unmöglichkeit zu einem Dialog, liegen in ungelösten inneren Realitäten der Betroffenen begründet.

Hierbei spielen die ersten Prägungen und die nicht aufgelösten, verinnerlichten Eltern eine entscheidende Rolle. Für keinen anderen Bereich ist unsere erste Beziehungserfahrung von so großer Bedeutung wie für den Bereich der Partnerschaft – denn durch sie haben wir Beziehung gelernt.

Wie war die Erfahrung von Nähe und von Distanz – von Bedingungslosigkeit und von Funktionalität, von Bedeutsamkeit und Unbedeutsamkeit – wie ist mit uns umgegangen worden? Diese eigene Vorgeschichte gilt es zu kennen, denn sie tragen wir als Beziehungsgrundlage in uns, auf ihrer Grundlage leben wir unsere Partnerschaft.

Menschen, die z. B. die prägende Erfahrung von Ablehnung gemacht haben, werden diese so lange in ihrer Partnerschaft leben müssen, bis sie sie aufgelöst haben – ob sie hinter jeder Mimik und Gestik Ablehnung des Partners wittern, ob sie vor diesem Hintergrund den Partner zu ständigen Liebesbeweisen zwingen müssen oder ob sie selber von Anfang an auf Distanz gehen und bleiben, um einer Verletzung durch eine vermeintlich erneute Ablehnung oder ein Verlassenwerden vorzubeugen – jede dieser Reaktionen hat natürlich massive Konsequenzen für die gelebte Nähe in der Partnerschaft: Sie ist nicht möglich.

Doch nicht nur wie unsere Eltern mit uns in Beziehung getreten sind, ist für unsere Partnerschaft von Bedeutung, sondern vor allem auch, wie die beiden miteinander in Beziehung getreten sind. Daraus, wie unsere Eltern Partnerschaft gelebt haben, lernen wir Partnerschaft zu leben – unabhängig davon, wie wir dies durch spätere Einflüsse intellektuell zu variieren versuchen.

Daraus, wie unsere Eltern Partnerschaft gelebt haben, lernen wir Partnerschaft zu leben – unabhängig davon, wie wir dies durch spätere Einflüsse intellektuell zu variieren versuchen.

Die erste Erfahrung ist immer diejenige, die am stärksten prägt. Bedenken Sie, dass die Eltern als Ihre ersten Bezugspersonen stets auch Ihr unbewusstes Vorbild für Mann und Frau sind und Sie, wenn nicht verarbeitet, in Ihrer Partnersuche und in Ihrem eigenen Beziehungsverhalten geprägt haben. Sie lernen vom Vater, wie ein Mann ist, und von Ihrer Mutter, wie eine Frau ist. Dies spielt für den Umgang mit Ihrer eigenen Identität als Mann oder Frau eine entscheidende Rolle, ebenso wie Sie Ihren Partner erleben und was Sie von ihm erwarten.

Die meisten Ehen scheitern auch deswegen, weil die Partnerschaft über der Elternschaft verloren gegangen ist, dabei ist Partnerschaft Grundlage für Elternschaft. Eine Frau kann nur Mutter sein, wenn sie auch die Frau ihres Mannes ist, genauso wie der Mann nur Vater sein kann, wenn er der Mann seiner Frau bleibt.

Nicht nur zum Wohle der Entwicklung der Kinder und deren Partnerschaftsfähigkeit, sondern genauso zum Wohle der beiden Partner – für deren Kraft und vor allem, um am Leben zu bleiben.

Wenn eine Familie nur noch aus Vater, Mutter und Kind besteht – aber nicht mehr aus Mann und Frau –, dann wirkt sich dies auch massiv auf die Kinder aus. Wenn Kinder Ihren Vater nur als Vater und die Mutter nur als Mutter, nicht aber als Partner erleben, so prägt dies auch deren spätere Partnerschaften. Wer nur Mutter hatte, der wird, wenn er diese Prägung nicht aufgelöst hat, am Ende auch wieder nur bei einer Mutter landen. Ein Kind, das keine Partner als Eltern hatte, wird nicht lernen, was Partnerschaft eigentlich heißt. Es wird Partnerschaft mit Elternschaft gleichsetzen und seine spätere Partnerschaft unbewusst danach aussuchen.

Wie kann eine Frau Mutter sein,
wenn sie nicht mehr Frau ihres Mannes ist?
Wie kann ein Mann Vater sein,
wenn er nicht mehr Mann seiner Frau ist?

Dort, wo neben der Elternschaft Partnerschaft fehlt, entsteht häufig ein Zuviel an Vater und ein Zuviel an Mutter. Nicht selten wird in dieser Situation die fehlende emotionale Nähe zwischen den Partnern in der Nähe zu den Kindern zu kompensieren versucht. Das Zuviel an Mutter und Zuviel an Vater, also ein Zuviel an erster Frau- bzw. ein Zuviel an erster Mann-Erfahrung, wirkt sich ebenfalls auf die spätere Beziehungsgestaltung und Partnerschaft aus. Entweder in der Wiederholung desselben oder aber auch nicht selten im Gegenteil. Dann suchen sich die Betroffenen unbewusst Konstellationen, in denen eher Mangel herrscht. So berichtete eine Frau, die von ihrem Vater von Beginn an emotional vereinnahmt wurde, „immer an Männer zu geraten, die aus unterschiedlichsten Gründen nicht zu haben waren". Während ein Mann im Laufe einer Beratung feststellen musste, dass er am Ende „immer wieder bei den Frauen landete, die ihn vollkommen in Besitz nahmen" – so wie seine Mutter es getan hatte.

Viele kommen in ihrer Partnerschaft deswegen nicht an, weil sie zu ihrem Leidwesen immer wieder das unbewusst suchen und finden, was sie von zu Hause kennengelernt haben.

Eine Frau beschrieb die Situation, früh von ihrem Vater verlassen worden zu sein. Von ein paar Wochenendbesuchen abgesehen wuchs sie praktisch ohne Vater auf. Ihre erste Mann-Erfahrung war der „nicht anwesende Mann". Dieser Erfahrung unbewusst folgend, heiratete sie einen Mann, der emotional in sich zurückgezogen war und sich überwiegend über die Arbeit definierte. Die Frau litt natürlich darunter und versuchte dieses Leid nun wiederum zu lösen, indem sie ihrer ersten Frau-Erfahrung gemäß ein „die Frau hat die Hosen an" lebte, was nur zu weiteren Rückzügen des Partners führte.

Ein Mann beschrieb eine Kindheit, in der er unter einer depressiven Mutter litt, die weder ihrem Sohn zur Seite stehen noch ihr eigenes Leben meistern konnte. In dieser ersten Frau-Erfahrung suchte der Mann sich später Frauen, die das Gegenteil von der Mutter zu sein schienen – auf den ersten Blick schillernde „Karrierefrauen", die sich auf den zweiten Blick dann stets als solche Frauen entpuppten, die in sich zutiefst emotional verunsichert waren und den Mann für ihre eigene Sicherheit vereinnahmen mussten. Doch nicht immer muss die gegengeschlechtliche Elternerfahrung im Partner gesucht werden – im Gegenteil. Ebenfalls entscheidend für die spätere Rollenverteilung ist, wie identifiziert ich mit welchem Elternteil war. Wo bestand die größte Nähe? Es können also durchaus Rollen übernommen werden, die der gegengeschlechtliche Elternpart vorgelebt hat. So stellte ein vierzigjähriger Mann, der in enger Beziehung zu seiner Mutter aufgewachsen war, fest, dass er in seiner Ehe dieselbe Rolle eingenommen hatte, wie er es bei seiner Mutter unbewusst mitleidend erfahren hatte: die Unterwerfung gegenüber dem

Je weniger Sie mit sich im Dialog sind, je weniger Sie Ihre wahre Identität leben, umso größer ist die Wahrscheinlichkeit, dass Sie bei der Partnersuche einen Fehlgriff tun und das wiederholen, was Sie in Ihrem Elternhaus erfahren haben.

dominanten Ehepartner und die stille Fügung mit Bedingungen, die immer mehr in die eigene Erschöpfung führte.

Partnerschaft
Machen Sie sich anhand folgender Fragen auf die Suche nach Ihren inneren Realitäten, die Sie möglicherweise daran hindern, in dem Bereich Partnerschaft dort zu sein, wo Sie sein wollen:
Überprüfen Sie, ob Sie vergangene Partnerschaften noch nicht verarbeitet haben und welche inneren Realitäten Sie noch davon in sich tragen. Vor dem Hintergrund, dass die erste Beziehungserfahrung eine entscheidende Bedeutung für das eigene Beziehungsverhalten hat:
Wie war Ihre erste Beziehungserfahrung im Elternhaus?
Nehmen Sie sich ein Blatt Papier und notieren Sie sich darauf:
Wie und welche Nähe haben Sie zwischen Ihren Eltern erlebt?
Was hat deren Partnerschaft geprägt?
Wie war Ihre Mutter als Frau und wie war Ihr Vater als Mann?
Haben Sie beide als Frau und als Mann erlebt?
Überlegen Sie nun, wie Sie Ihre Partnerschaft leben. Welche Rolle nehmen Sie ein und welchen Partner haben Sie sich „ausgesucht"?

Ab wann fühlt man sich bei dem anderen zu Hause?

Kennen Sie den Film *About Schmidt* mit Jack Nicholson? Der Film beginnt mit der Szene, in der Jack Nicholson morgens neben einer scheinbar unbekannten Frau aufwacht und sich fragt, „wer um Gottes willen diese Person in seinem Bett ist". Kurze Zeit später stellt sich heraus, dass es sich um seine Ehefrau handelt, mit der er seit 20 Jahren verheiratet ist.

Wie ergeht es Ihnen, wenn Sie morgens zur Seite blicken? Kennen Sie (noch) die Person, die neben Ihnen liegt? Und kennt diese Person Sie?

„Wenn ich meinem Mann das erzählen würde, was ich Ihnen erzähle, der würde mich nur mit einem Fragezeichen ansehen", sagte eine Personalberaterin, als sie von ihren Ängsten und Sorgen hinsichtlich einer beruflichen Entscheidung berichtete.

„Wenn ich meiner Frau erzähle, wie ich früher war, mit welchen Zweifeln und Gedanken ich mich beschäftigt habe, so sagt sie, dass sie froh ist, dass ich jetzt nicht mehr so bin", berichtete ein Geschäftsführer, der aufgrund einer depressiven Erschöpfung in die Beratung kam, von der seine Frau nichts wusste.

„Meine Frau kann mit allem etwas anfangen, was sie unterhält, es darf nur nicht intellektuell zu anspruchsvoll sein", sagte ein Unternehmensberater.

Ein tatsächlicher Dialog in einer Partnerschaft ist geprägt davon, dass beide in der Lage sind, offen für den anderen zu sein und ihn in seinem Wesen zu begreifen und ihm zu begegnen. Heimat ist dort, wo das eigene Wesen erkannt wird. Ein wirkliches Gefühl des Zuhauses kann nur in einer Atmosphäre wesentlicher Begegnung entstehen, dort, wo Sie sich – als der, der Sie sind – gesehen und geliebt fühlen. „Rückblickend betrachtet", sagte ein Mann, „habe ich mich entsetzlich einsam neben meiner Frau gefühlt. Sie wusste überhaupt nicht, wer ich eigentlich wirklich war. Und ich hatte irgendwann auch aufgegeben, es ihr erklären zu wollen."

„Wir waren zwar ein eingespieltes Team", sagte eine Unternehmensberaterin, „und wir hatten auch viel Spaß, aber wenn ich ehrlich bin, im tiefsten Inneren haben wir mit dem anderen nicht viel anfangen können."

Wer nicht weiß, wer er selbst ist, der wird nicht wissen, was er in einer Partnerschaft braucht

Das Problem ist, dass viele ihre Heimat bei einem Partner suchen, ohne diese bereits in sich gefunden zu haben. Befragt man Menschen nach Ihrem Grundbedürfnis in einer Partnerschaft, so antworten alle mehr oder weniger das Gleiche: um meiner selbst willen geliebt zu werden. „Das will doch jeder", sagte ein Student. „So geliebt zu werden, wie man ist."

Doch um seiner selbst willen geliebt zu werden, setzt immer einen eigenen Bezug zu sich selbst voraus. Wer nicht mit sich im Dialog steht, wer sich nicht in sich zu Hause fühlt, der wird auch nicht in der Lage sein zu erkennen, was er im Außen für ein Zuhause braucht. Wer in sich heimatlos ist, der läuft Gefahr, dass er in seiner Partnerschaft eine Heimat sucht, die dort nicht zu finden ist. Dies führt zu vielen äußeren und inneren Konflikten und Nebenkriegsschauplätzen und hat zur Folge, dass der Heimatlose nach einiger Zeit sein vermeintliches Glück und sein Zuhause in einer nächsten Partnerschaft zu suchen beginnt. Dies hält dann eine gewisse Zeit vor, bis er erwartungsgemäß auch dort enttäuscht wird, was dann zum nächsten Wechsel führt oder aber irgendwann dazu, wie manche es schon relativ früh tun, die Hoffnung aufzugeben und unzufrieden und ruhelos in der bestehenden Partnerschaft – mit allen damit verbundenen Konsequenzen – zu verharren.

> ***Wer nicht mit sich im Dialog ist, der wird auch nicht wirklich dazu in der Lage sein, mit seinem Partner in den Dialog zu gehen. Wer nicht weiß, wer er selbst ist, wer sein eigenes Wesen nicht kennt, der wird auch nicht dazu in der Lage sein, das Wesen seines Partners zu erkennen.***

Partnerschaften scheitern, weil sie zu einer Funktion werden

Wir begegnen uns in unserer Partnerschaft auf der Ebene, auf der wir uns selbst begegnen. Wer sich selbst stumm und ahnungslos gegenübersteht, der wird auch seinem Partner stumm und ahnungslos gegenüber, stehen. Wer oberflächlich durchs Leben geht, der wird nicht hinter die Oberfläche seines Partners blicken. Je weniger ein Mensch über eine eigene Identität verfügt, umso weniger hat er zu geben. Auf allen Ebenen des Lebens. Auf allen Ebenen der Partnerschaft.

Sie können sich als Frau überlegen, inwieweit es Sie tatsächlich er- und ausfüllt, einen Mann in und neben sich zu haben, der nicht weiß, wer er ist und dementsprechend auch nicht dazu in der Lage ist, Sie zu erkennen, ebenso wie Sie sich als Mann fragen können, welche Bedeutung für Sie davon ausgehen kann, in und mit einer Frau zu sein, die fern von sich selbst und genauso weit entfernt von Ihnen ist.

Sie können alles im Außen und auch außerhalb Ihrer Partnerschaft versuchen und dabei noch so viel veranstalten. Früher oder später lässt sich die innere Leere nicht mehr verbergen und hält unverkennbar und unerbittlich auch im Außen Einzug.

Lieben Sie den anderen, weil er Sie liebt?

„Kann man eigentlich an Herzrhythmusstörungen sterben?", fragte eine Mutter von drei Kindern. „Das würde auf keinen Fall gehen, dass mein Mann jetzt stirbt, wo die Kinder noch so klein sind und das Haus noch nicht abbezahlt ist."

„Ich brauche einfach zwischendurch andere Männer", sagte eine erfolgreiche Immobilienmaklerin und Mutter von zwei Kindern. „Mein Mann bedient nun mal leider nicht alle Seiten."

> ***Wer sich zu Hause fremd fühlt, der geht irgendwann fremd. Früher oder später.***

„Es ist doch klar, dass ich eine Frau brauche, die sich sehen lassen kann", sagte ein Geschäftsführer.

„Warum ich mich für meinen Mann entschieden habe?", fragte eine Anwältin. „Nun ja, ich wollte eben Kinder und Sie wissen ja, irgendwann tickt die biologische Uhr."

„Wer will schon gerne alleine sein?", fragte ein Unternehmensberater. „Gerade wenn man viel auf Reisen ist, ist es schön zu wissen, dass jemand zu Hause auf einen wartet."

Je weniger man mit sich selbst und mit dem Leben im Dialog steht, über je weniger wahre eigene Identität man verfügt, umso mehr wird diese im Außen gesucht und das eigene Umfeld zur Funktions- und Versorgungseinheit. Wenn dies geschieht, ist jede echte Nähe zum Tode verurteilt, denn in diesem Moment begegnet man dem Partner nicht mehr in seinem Wesen, sondern als Mittel zum Zweck. Dies geschieht nicht bewusst, sondern unbewusst und automatisch.

Unbemerkt und automatisch bringen die Betroffenen sich so um das, wonach sie sich in ihrem Inneren eigentlich sehnen: um des eigenen Selbst willen geliebt zu werden.

Eine weitere Konsequenz und ein entscheidender Punkt, warum Partnerschaften scheitern: Die Partnerschaft wird zur Funktionseinheit.

Ob eingestanden oder nicht, das gemeinsame Leben von Nicht-Nähe in der Partnerschaft hinterlässt immer Spuren. Wird die Partnerschaft zur eigenen Zweckidentität, dann wird sie entweder einschlafen, aufgrund zunehmender Langeweile und Leere scheitern oder sie wird bestenfalls ein symbiotischer Einheitsbrei, in dem beide beruhigt in der eigenen Suppe schwimmen.

So bleibt in vielen Fällen am Ende nur das, was die Partnerschaft in diesen Fällen dann letztendlich auch nur noch ist: eine Funktion. Eine Funktion – die früher oder später in der Einöde endet, welcher dann in einem müden Rein-und-Raus resigniert Rechnung getragen oder der durch wechselnde Affären zu entkommen versucht wird.

Das Prinzip des Dialoges in der Partnerschaft

Partnerschaft fällt nicht vom Himmel, sondern ist – wie das Leben – gestaltende Arbeit. Jeden Tag. Nicht in dem Vielen, sondern in dem Wesentlichen. Nicht in Form eines hohen Aufwands, sondern in der Konsequenz. Viele sind zu dieser Konsequenz nicht bereit und lassen es laufen – so lange, bis die Partnerschaft sich ausgelaufen hat. So selbstverständlich wir in anderen Lebensbereichen lernen, investieren und uns weiterentwickeln, so wenig tun wir dies im Bereich der Partnerschaft – in dem falschen Verständnis, Partnerschaft sei ein Zuhause, wie es dies nur für ein Kind geben kann – man kommt und geht und für alles ist „von allein" gesorgt.

Das Prinzip des Dialoges gilt auch für die Partnerschaft: Erst, wenn beide Partner das eigene Wesen und das Wesen der

Partnerschaft leben, fängt Partnerschaft überhaupt erst an. Erfüllte Partnerschaft kann nur beständig bestehen, wenn sie über eine wahre Identität verfügt. Dies setzt voraus, dass beide Partner eine eigene Identität besitzen und in der Lage sind, den anderen in seiner zu erkennen und ihm zu begegnen. Auf dieser Grundlage entsteht die Identität der Partnerschaft. Partnerschaft ist Leben. Sie ist das Ergebnis aus zwei selbstständigen Leben, die nicht nur in der Lage sind, sich selbst zu leben, sondern dies auch tun. Wenn beide Partner aus sich selbst schöpfen und aus diesem inneren Dialog in den gemeinsamen äußeren eintreten, kann Beziehung beständig Tiefe erfahren. Nur so kann sie immer wieder neu erfahren werden, sich weiterentwickeln und auf allen Ebenen am Leben bleiben.

Ohne Ich kein Du und ohne Ich und Du kein Wir

Das Wesen der Partnerschaft ist die Liebe – eine Liebe, die aus dem eigenen Wesen entspringt und sich im Wesen des anderen wiederfindet. Partnerschaft ist die tiefe Begegnung im Wesentlichen, sie ist ein Wiederfinden des eigenen Selbst im Wesen des anderen. Fernab von Quantität, sondern geprägt von Qualität. Ist dies der Fall, kann innigste Nähe erfahren werden. Dann können Sie räumlich weit voneinander entfernt sein, und doch sind Sie tief verbunden.

Sie können sich am anderen Ende der Welt befinden und Ihrem Partner näher sein, als wenn Sie sich, blind für den anderen, rund um die Uhr sehen.

Durch einen Blick oder eine Geste wissen Sie mehr voneinander, als wenn stundenlang Worte verloren werden. In seiner Partnerschaft im Dialog zu sein heißt, nicht ständig miteinander zu sprechen – es heißt, miteinander in Verbindung zu sein – auch fernab von Worten. In Verbindung sein, auch unabhängig von Raum und von Zeit, in Verbindung bleiben in der Bewältigung des Alltags, in Verbindung sein in den Herausforderungen des Lebens, in wesentlicher Verbindung sein – weil Sie um sich wissen und um den anderen.

„Das ist doch ein ziemlich hoher Anspruch. Wer hätte das nicht gerne? Aber das ist doch nicht das wirkliche Leben", sagte ein erschöpfter Wirtschaftsprüfer, der sich als Fremder in seinem äußerlich reichen Anwesen fühlte.

Doch. Das ist es. Das kann es sein. Wenn Sie es so gestalten.

„Aber es ist doch normal, dass nach zehn Jahren Beziehung nicht mehr alles so ist wie am Anfang", sagte der Geschäftsführer, der nicht herausfinden wollte, „dass er seine Frau und Familie verlassen muss".

„Aber das ist doch normal, dass ein Mensch nun mal nicht alles bedienen kann", sagte die Frau, die gleichzeitig hoffte, dass ihr Mann die Folgen dieser Normalität nicht herausfinden würde.

„Wenn ich mir die anderen ansehe, finde ich, dass es uns noch ganz gut geht", sagte der depressive Geschäftsführer, dessen Frau genauso wenig von der Beratung wie von der depressiven Erschöpfung etwas wusste.

„Aber ist das nicht normal, dass man bei drei Kindern nur noch Eltern ist? Und dann ist da ja auch noch der Job. Und mein Mann ist ein guter Vater. Außerdem – wo soll ich mit den drei Kindern hin?", fragte die erschöpfte Mutter.

„Wissen Sie, was mich das finanziell kosten würde?", fragte ein erschöpfter Unternehmer. „Nach den ganzen harten Jahren des Aufbaus. Jetzt, wo die Firma anfängt zu laufen. Ich will ja auch irgendwann mal meine Früchte ernten und anfangen zu leben."

„Zumindest haben wir noch regelmäßigen Geschlechtsverkehr", sagte ein Geschäftsführer.

Sie sind Ihr Leben. Und Sie bestimmen, was Sie von Ihrem Leben wollen und was nicht. Fernab von Ansprüchen, sondern aus dem Leben heraus.

Alles, was Sie in Ihrem Leben tun, hat Konsequenzen. Genauso wie es Konsequenzen hat, wenn Sie etwas nicht tun. Sie entscheiden. Und Sie entscheiden auch über Ihren Lebensbereich Partnerschaft.

Niemand anderes als Sie selbst entscheiden über die Tiefe und über die Oberflächlichkeit sowohl Ihres eigenen Lebens als auch Ihrer Beziehung.

Sie entscheiden, was für eine Partnerschaft Sie leben wollen. Sie bestimmen deren Identität oder deren Nicht-Identität. Sie entscheiden, ob Sie in Ihrer Partnerschaft bedienen und sich bedienen lassen oder ob Sie Begegnung wollen. Sie bestimmen, ob Sie in diesem Bereich funktionieren oder ob Sie leben wollen.

Fernab von Moral. Fernab von gut oder schlecht – sondern in eigener Verantwortung.

Seien Sie sich nur darüber bewusst: Je unwesentlicher dieser zentrale Lebensbereich ist, umso weniger Kraft kann er Ihnen geben, und je kränklicher er ist, umso mehr Kraft wird er Ihnen rauben. Können Sie sich das leisten?

Sie haben sich dieses Buch gekauft, um sich aus Ihrer Erschöpfung zu befreien und zu sich zurückzufinden – und das hat seinen Preis. Den Preis, dass Sie für sich einstehen und für das, was für Sie wesentlich ist – auch in diesem Bereich.

Wie wollen Sie leben, wenn Sie in Ihrer Partnerschaft weiter bereit sind zu funktionieren?

Halten Sie dies für möglich?

Sollten Sie es also ernst meinen und Sie tatsächlich Sie selbst werden und leben wollen – dann gilt es, dass Sie dies auch tun. Dann gilt es, dass Sie beginnen, die dafür notwendigen Konsequenzen zu ziehen.

Und zwar jetzt. Denn das Leben ist kurz und Sie wissen nicht, wie lange das Ihre noch dauert. Das Leben ist kurz, und Sie haben nur dieses eine, unabhängig davon, was Sie glauben. Jetzt ist immer nur jetzt. Nutzen Sie dieses Jetzt.

Klären Sie diesen Bereich für sich so, dass Sie am Ende in einem inneren und äußeren Dialog stehen. Machen Sie eine ehrliche Bestandsaufnahme und befreien Sie sich aus Ihrem Gefängnis der inneren Realitäten. Finden Sie zu Ihrer wirklichen Heimat in diesem Bereich. Finden Sie heraus, warum Sie sich in Ihrer Partnerschaft möglicherweise nicht zu Hause fühlen, und beantworten für sich die Frage, was für Sie wesentlich notwendig ist, damit Sie sich hier zu Hause fühlen können. Treten Sie dafür ein, in dem Wissen, dass es sich nicht um eine Luxusfrage, sondern um eine existenziell notwendige Frage handelt. In Anerkennung der Lebensrealitäten, in denen Sie sich befinden. Fangen Sie an, sich ein echtes Zuhause in diesem Bereich aufzubauen. Ein Zuhause, in dem Sie sich erkannt und geliebt fühlen, so, wie Sie sind, um Ihrer selbst willen.

Meine Identität in der Beziehung

Je rechtzeitiger Sie anfangen, sich die Frage nach dem Wesentlichen zu stellen, umso mehr können Sie noch retten – dies gilt auch für Ihre Partnerschaft. Wie sieht Ihre wahre Identität in diesem Bereich aus?

Betrachten Sie mit diesem Wissen Ihre Partnerschaft:

Wo stehen Sie? Stehen Sie in diesem Sinne mit Ihrem Partner im Dialog? Denken Sie daran: Ein Dialog ist dadurch gekennzeichnet, dass Sie dem anderen so offen begegnen, dass Sie dessen Position wiedergeben können. Können Sie noch sagen, wie es Ihrem Partner geht und wissen Sie, was diesen tatsächlich beschäftigt?

Wenn nein: Was hindert Sie daran?

Sind es innere oder sind es äußere Realitäten, die Sie daran hindern?

Werfen Sie einen Blick auf Ihre begonnene Bestandsaufnahme.

Sind Sie in Ihrer Partnerschaft das Ergebnis Ihrer Prägungen und sind deswegen bis heute noch nicht angekommen? Erkennt der Partner Sie in Ihrem Wesen? Erkennen Sie Ihren Partner in seinem Wesen? Was macht das Wesen Ihrer Partnerschaft aus?

Für die Eltern unter Ihnen: Besteht noch eine Partnerschaft oder ist sie über der Elternschaft verloren gegangen? Wo sehen Sie die Möglichkeiten und wo sehen Sie die Unmöglichkeiten – und womit begründen Sie dies?

Treten Sie über diese Erkenntnisse mit Ihrer Partnerin, Ihrem Partner in den Dialog und lassen diesen seinerseits diese Fragen beantworten, um dann gemeinsam zu überlegen, welche Konsequenzen Sie beide aus Ihren Erkenntnissen ziehen wollen.

Äußere Realitäten: Anerkennen, was ist – und was nicht

Das Prinzip des Dialoges heißt auch für den Bereich der Partnerschaft: Anerkennen, was ist. Im Innen – wie im Außen.

Und zwar für alle – für diejenigen, die sich in einer Partnerschaft befinden, und für diejenigen, die sich nicht in einer Partnerschaft befinden. Was will ich leben? Welchen Preis bin ich bereit zu zahlen? Und welche Verantwortlichkeiten und Konsequenzen sind damit verbunden? Diejenigen, die sich zurzeit in keiner Partnerschaft befinden, haben sich den gleichen Fragen zu stellen wie diejenigen, die sich in einer Partnerschaft befinden: die Frage nach dem Wesentlichen. Die Frage nach ihren inneren Realitäten. Und die Frage nach der eigenen Identität. Wer wesentliche Partnerschaft will, der wird sie nicht an jeder Straßenecke finden.

Wer den Anspruch des Wesentlichen vertritt, der wird sich auf dem Weg zu sich selbst, ob gebunden oder ungebunden, manchmal auch die Frage stellen müssen, ob allein sein nicht erfüllter und gesünder ist als einsam zu zweit.

„Aber ich will nicht herausfinden, dass ich mich von meiner Familie trennen muss“

Was ist zu tun, wenn man spürt, dass man nicht mehr mit sich und seinem Partner im Dialog ist? Dass man in seiner Partnerschaft nur noch funktioniert? Wenn Sie herausfinden, dass Sie sich in Ihrer Partnerschaft nicht (mehr) zu Hause fühlen – ist alles möglich. Es ist möglich, dass Sie den Dialog aufnehmen und die Liebe mit demselben Partner gemeinsam wiederfinden oder diese möglicherweise überhaupt erst finden, nachdem Sie erkennen, wer Sie in Ihrer wahren Identität sind. Es ist jedoch auch möglich, dass Sie feststellen, dass nicht ausreichend Wesentliches Sie beide für eine Partnerschaft verbindet. Was machen diejenigen, die auf dem Weg zu sich selbst herausfinden, dass Sie Ihren Partner nicht mehr lieben? Die erkennen, dass ihre Partnerschaft von Beginn an aufgrund von inneren Realitäten geschlossen worden ist und sie ihrem Partner vom Wesen her fremd sind? Die feststellen, dass sie eigentlich nicht viel verbindet – außer einer gemeinsamen Familie? „Ist das Wesen einer Partnerschaft nicht Liebe?“, fragte ein Manager, der genau dies herausfand. „Wie kann eine Partnerschaft bestehen bleiben, wenn sie ihr Wesen verliert? Kann man dann überhaupt noch zusammen bleiben?“

Ja, man kann. Weniger in Form einer Funktion, sondern auf der Basis von gemeinsam geschaffenen Lebensrealitäten. Weniger als eine Pflicht, sondern in Anerkennung von gemeinsam gegründeten Leben und auf dieser Grundlage in einem respektvollen Miteinander. Das Prinzip des Dialoges beinhaltet, das anzuerkennen, was ist. Und gemeinsam geschaffene Lebensrealitäten sind. Vor allem, wenn Sie nicht nur Partner, sondern auch Eltern sind. Gerade diese Lebensrealität beinhaltet einen zentralen Punkt: das Wesen des Kindes, welches das Grundbedürfnis besitzt, dass die beiden, aus denen es gekommen ist, zusammen bleiben. Das Grundbedürfnis – und nicht der Wunsch.

Der zu werden, der man ist, wesentlich zu werden, heißt nicht nur, dem Wesentlichen in sich, sondern auch um sich Rechnung zu tragen – ebenso wie den damit verbundenen Verantwortlichkeiten, die nicht die Moral, sondern das Leben an sich einfordert.

In dieser Anerkennung gilt es geschaffenen Lebensrealitäten Rechnung zu tragen, vor allem für das Wesen derer, die es selbst noch nicht können. Rechnung zu tragen heißt hier, alles dafür zu tun, dass die Familie erhalten bleibt. Und alles dafür zu tun heißt, sich ernsthaft auf die Suche nach Klärung zu machen.

Diese Suche ist ein Prozess. Ein Prozess, den beide Partner durchlaufen – ein Prozess, in dem die Suche nach der Möglichkeit beginnt, sich vor dem Hintergrund der gemeinsam entschiedenen Situation (wieder) zu finden. Die ernsthafte Suche nach der Möglichkeit eines gemeinsamen Zuhauses, das zurzeit keines mehr ist.

Sich nicht ernsthaft auf diese Suche zu machen, bedeutet am Ende für alle Beteiligten mehr Leid. Unabhängig davon, wie entschieden wird. Eltern haben ihren Kindern gegenüber nicht die

Verantwortung, zusammen zu bleiben, sondern zusammen zu sein. Zusammen zu bleiben, ohne zusammen zu sein und nebeneinanderher zu vegetieren, birgt gleiches Leid, wie sich ohne Klärung zu trennen und dadurch vergeblich Befreiung zu erhoffen. Sie können selbst nicht wesentlich werden, wenn Sie dem Wesen, das Sie erschaffen haben, nicht Rechnung tragen – im Gegenteil.

Erst, wenn Sie alle Möglichkeiten ausgeschöpft haben und Sie dann feststellen müssen, dass ein gemeinsames Zuhause nicht möglich ist, dass die Substanz dafür fehlt, dass es auf Ihre Kosten und auf die Kosten derer geht, die gerade erst anfangen zu lernen, was es heißt, auf die eigenen Kosten zu kommen, erst dann können Sie eine Entscheidung treffen. Erst dann werden Sie die Fragen, die sich jeder in dieser Situation stellt, beantworten können. Die Frage: Was wiegt schwerer – getrennte Eltern, die wieder glücklich in einer neuen Partnerschaft leben, oder Eltern, die nur um der Kinder willen zusammen sind? Die Frage: Will ich mein Glück über das Glück meiner Kinder stellen? Aber was bedeutet mein Unglück für meine Kinder? Erst dann werden Sie diese Fragen tatsächlich beantworten und zu einer Entscheidung finden können. Eine Entscheidung, die dann jedoch keine Trümmer hinterlässt, sondern in Abwägung aller wesentlicher Bedürfnisse notwendig ist – in Anerkennung dessen, dass das schwächste Glied in der Kette nicht immer sagen kann, was es tatsächlich braucht.

Leben beinhaltet immer auch Scheitern aufgrund von begangenen Fehlern und getroffenen Fehlentscheidungen. Das Scheitern kann aber nur dann wirklich verarbeitet werden, wenn alle Beteiligten sagen können: „Wir haben unser Mögliches getan." Erst dann kann eine getrennte Zukunft gemeinsam im Dialog gelingen.

Wir ernten immer das, was wir säen

Vor dem Hintergrund, dass Beziehungen immer häufiger genauso schnell geschlossen, wie sie beendet werden, lassen Sie mich an dieser Stelle einen kurzen Punkt erwähnen: Je geringer die eigene wahre Identität und Eigenständigkeit einer Person ist, umso stärker ausgeprägt ist die Sehnsucht nach einem Partner und umso heftiger sind die Verliebtheitszustände, die von den Betroffenen fälschlicherweise mit Liebe verwechselt werden. Gerade diejenigen, die innere Realitäten der Ablehnung in sich tragen, sind geradezu süchtig danach, „endlich um des eigenen Selbst willen bestätigt zu werden" – und merken dabei nicht, dass der andere meist nur eine optimale Projektionsfläche für die eigenen Sehnsüchte, ein passendes Gegenstück zu den eigenen inneren Realitäten darstellt. Er scheint die vermeintliche Rettung aus dem Unglück, die Verheißung des Glücks.

Ob es der Mann ist, der von seiner Ehefrau verlassen wurde, oder die Frau, die nach oder in einer gescheiterten Ehe endlich einmal auf ihre Kosten kommen will – fehlende eigene Identität und innere Realitäten vom emotionalen Ausgehungertsein lassen das größte Feuerwerk im Außen entstehen, das genauso schnell verpufft, wie es gekommen ist. Es verpufft so schnell, weil es keine Substanz in sich trägt.

Dasselbe gilt für diejenigen, die ablehnende innere Elternteile in sich tragen – vor allem, wenn diese dem entgegengesetzten Geschlecht angehören.

Wenn für einen Mann die erste Frau-Erfahrung Ablehnung war, dann ist er, solange er diese nicht für sich klärt, meist hilflos den „Verlockungen der weiblichen Annahme und Bestätigung" gegenüber verloren, vor allem in der Partnersuche. Dasselbe gilt für die Frau und ihre ersten Erfahrungen.

Wer seine inneren Realitäten und seinen inneren Hunger in seiner Partnersuche und Wahl unbewusst als Maßstab nimmt, ist, wenn er kein Glück hat, heillos verloren, äußere Illusionen für wahr zu befinden, weil er gar nicht dazu bereit ist zu erkennen, wer sein Gegenüber tatsächlich ist – sondern nur, was dieser vermeintlich zu versprechen scheint.

Dies gilt auch, wenn der Partner als Ersatz für die eigenen nicht gelebten Seiten und umgesetzten Wünsche genommen wird. „Es waren nicht nur die unerfüllten Sehnsüchte, die ich hatte", sagte eine erfolgreiche Geschäftsfrau, „sondern auch meine nicht gelebten Anteile, die mich am anderen fasziniert haben. Die Männer, in die ich mich heftig verliebte, waren diejenigen, die das gelebt hatten, was ich nicht tat, aber gerne getan hätte. Sobald ich es dann aber selbst begann zu leben, war die Anziehung plötzlich vorbei, es wurde langweilig oder es gab Streit."

So erschöpfen sich nicht nur die vermeintlichen Partnerschaften schnell wieder, sondern vor allem auch die Betroffenen, die meist erst dann aufwachen, wenn sie mitten in der Erschöpfung sind.

Man erntet immer das, was man sät, auch in der Partnerschaft. Je weniger Sie Substanz säen, umso mehr Trümmer werden Sie ernten.

Nicht nur im Außen, sondern vor allem auch im Innen. Nicht immer nur materiell, sondern vor allem auch emotional. Jedes ohnmächtige Scheitern bedeutet eine neue innere Realität, und nicht selten entsteht dann irgendwann diejenige, dass „Mann und Frau" schlichtweg nicht zusammenpassen. Auf dieser frustrierten Resignation basierend wird dann gemeint, dass das, was Partnerschaft eigentlich ausmacht, dass das, was Partnerschaft tatsächlich ist, nicht mehr als ein „unrealistischer" Anspruch sein kann.

Für diejenigen, die allein, getrennt oder kurz vor einer Trennung stehen, die sich nicht nur davor schützen wollen, sich erneut zu erschöpfen oder ganz zu resignieren, sondern wirklich noch einmal diesen Bereich leben wollen, die sollten vor diesem Hintergrund überprüfen, auf welcher Grundlage sie ihre zukünftige Partnerschaft eingehen wollen. Überprüfen, ob genügend tatsächliche und wesentliche Basis vorhanden ist, damit sie nicht zu demselben Entschluss kommen wie kürzlich ein Mann, der sich in einer neuen Beziehung befand und sagte: „Ob ich mich nun von meiner ersten Frau getrennt habe oder nicht – letztendlich ist doch alles wieder beim Alten – nur mit mehr Schulden."

Zweiter Lebensbereich: Glaube

„Wer nicht glaubt, der hat auch keinen Grund zu suchen."

„Glaube? Woran ich glaube? Keine Ahnung, darüber habe ich mir ehrlich gesagt noch keine Gedanken gemacht."

„Ich glaube daran, dass morgens die Sonne aufgeht."

„Wir gehen Weihnachten in die Kirche und schicken unsere Kinder in einen katholischen Kindergarten."

„Hören Sie mir mit diesem Quatsch auf, alles Verbrecher."

„Ich glaube daran, dass alles, was ich tue, auf mich zurückfällt."

„Glauben? Wozu sollte das von Bedeutung sein? Sie sehen doch, wo die Religionen uns hingeführt haben."

Viele Menschen, die sich in ihrem Leben erschöpfen, verfügen über keinen echten Glauben. Sie stehen in diesem Bereich weder in einem inneren noch in einem äußeren Dialog. Entweder haben sie den Glauben verloren, von Beginn an nie wirklich einen Bezug dazu entwickelt oder sie besitzen einen vermeintlichen, dem sie ohnmächtig folgen. Ich halte den Bereich des Glaubens für einen zentralen Lebensbestandteil und vertrete die Ansicht, dass Menschen, wenn sie nicht glauben, auch nur schwer Krisen meistern können. Wer nicht glaubt, der wird das Leben nicht nur nicht aufrecht bestehen, sondern auch nicht wirklich leben können. Der Glaube ist unsere Lebensgrundlage. Glaube ermöglicht zu hoffen, zu lieben, spendet Mut und Kraft, gibt Vertrauen und Sinn. Dies gilt auch für Ihren Weg aus der Erschöpfung zurück zu sich selbst. Auch dieser Weg kann nur gegangen werden, wenn Sie an ihn glauben. Wenn Sie glauben, dass sich all die damit verbundenen Mühen und Konsequenzen lohnen, weil Sie überzeugt sind, dass es

Der Weg zu sich kann nur gelingen, wenn Sie glauben. Wer nicht glaubt, der wird nicht zu sich selbst finden. Zu sich selbst finden heißt, an sich zu glauben.
Wer nicht an sich glaubt, hat keinen Grund, sich zu suchen. Deswegen ist dieser Weg immer auch ein Weg des Glaubens.

Sie und Ihre wahre Identität tatsächlich gibt und dass es so möglich ist, zu einem wesentlichen und erfüllten Leben zu finden. Nur wer glaubt, macht sich auf den Weg, erschafft, gestaltet, setzt um – und nur wer glaubt, bleibt auch dabei.

Glaube meint nicht zwangsläufig nur Religion oder Spiritualität, sondern er meint immer auch Lebensprinzipien und Werte.

Glaube ist die Grundlage, um ins Leben zu treten, im Leben zu bleiben, sich in seinem Leben beheimatet und in der Welt aufgehoben zu fühlen. Er ist die Voraussetzung für eine innere und äußere Heimat und gleichzeitig die Voraussetzung, diese zu finden. „Wer nicht glaubt, ist arm. Ich hätte nie gedacht, dass dies so zutreffend ist", sagte ein erfolgreicher Geschäftsführer im Laufe einer Beratung. „Und wissen Sie, worin die Armut besteht?

Wer nicht glaubt, der kann nicht lieben, der kann nicht hoffen, der kann nicht leben. Er hat keinen Grund dazu."

„Aber nun müssen wir ja nicht gleich alle religiös werden", sagte ein Journalist während eines Interviews zu mir, als es um die Lebensbereiche und den des Glaubens ging. Nein, das müssen Sie nicht. Allein schon deswegen nicht, weil echte Identität keinem Zwang entspringt. Niemand wird zu seinem Glauben finden, wenn ihm gesagt wird, was er zu glauben hat, und wenn er diesem Gesagten blind folgt, genauso wenig, wie jemand seinen Glauben finden wird, wenn er sich diesem Lebensbereich gegenüber von Anfang an in seiner Tiefe verschließt.

Wie in jedem anderen Lebensbereich entscheiden Sie auch hier, wie weit Sie diesen Bereich erfassen und leben wollen – in dem Wissen, dass wir alle ständig am Glauben sind und dieser eine der größten Kraftquellen im Leben eines Menschen ist. Er kann genauso heilsam wie schädlich sein. Er kann eigenes Leben geben und er kann ein eigenes Leben zerstören. Vor diesem Hintergrund gilt es, sich umso mehr seines Glaubens wie Nichtglaubens bewusst zu werden und diesen auf Substanz und Wahrheit zu überprüfen. Zu sich zu finden heißt, auch im Glauben zu seiner Identität zu finden, anstatt ihm blind zu folgen und irgendwann zu erkennen, dass das, woran man (nicht) geglaubt hat, am Ende gar nicht wahr ist, sondern vielmehr aufgrund von inneren Realitäten oder Nachahmen entstanden ist.

Um zu gelingen, hat kein anderer Bereich eine eigene Identität so nötig wie der des Glaubens. Im Grunde genommen kann er erst auf dieser Grundlage entstehen.

Glaube meint mehr als Religion

Die meisten verbinden mit dem Bereich Glauben sofort Religiosität – ob im Positiven oder im Negativen. Wer in diesem Bereich mit sich und dem Leben im Dialog stehen will, sollte sich zunächst einmal bewusst machen, dass Glaube weitaus mehr bedeutet. Glaube meint nicht zwangsläufig nur Religion oder Spiritualität, sondern er meint immer auch Lebensprinzipien und Werte. Glaube umfasst das gesamte Leben und bietet gleichzeitig die Grundlage dafür, dass dieses gelingen kann.

Ist der Glaube gestört, so wirkt sich dies auf alle anderen Lebensbereiche aus. Diejenigen, die sich in ihrem Leben erschöpfen, haben weitestgehend ihren Glauben verloren, und zwar nicht nur den Glauben an Gott, sondern auch den Glauben an die Menschen, den Glauben an das Leben und den Glauben an sich selbst.

Ich glaube an mich und ich glaube an dich

Der Glaube an sich selbst ist Grundlage dafür, der Welt und den Menschen glauben zu können. Wer nicht an sich glaubt, der wird immer auch an der Welt und an den Menschen zweifeln.

„Ich glaube einfach nicht, dass ich das noch schaffen kann", sagte ein Student. „Ich werde nicht zu den Klausuren gehen. Dann muss ich eben ein Semester wiederholen."

„Warum ich mich nicht selbst um den Posten beworben habe?", fragte eine Managerin, die sich in einem Konflikt mit ihrer „einfach inkompetenten" Chefin immer mehr erschöpfte. „Ich glaube wohl einfach nicht genug an mich."

An sich zu glauben, ist die Grundlage für ein gesundes und erfolgreiches Leben. „Ich wäre nicht dort, wo ich jetzt bin", sagte ein Geschäftsführer, „wenn ich nicht an mich geglaubt hätte – an mich und an das, was ich tat. Nur so konnte ich die Widerstände, die mir begegneten, aushalten und am Ende überwinden."

Der Glaube an sich selbst ist Triebfeder für das eigene Leben. Wer an sich glaubt, der kann nicht nur den Menschen, sondern auch der Welt und dem Leben begegnen. Der kann schaffen, gestalten, umsetzen und erreichen. Haben Sie sich einmal gefragt, ob und inwieweit Sie an sich glauben?

Der Glaube an sich selbst ist Triebfeder für das eigene Leben.

Doch nicht nur der Glaube an sich ist entscheidende Grundlage für das Leben, sondern auch der Glaube an andere. Sich gegenseitig zu glauben, ist Grundlage für erfolgreiche berufliche Zusammenarbeit, Grundvoraussetzung für persönliche und private Beziehung. Wer den Menschen in seinem Leben nicht glaubt, der wird ihnen nicht begegnen und keine erfüllenden Beziehungen führen können – ob beruflich oder privat.

Die tiefsten und am schwierigsten zu heilenden Wunden, die mir in meiner Beratung begegnen, sind diejenigen, bei denen die Betroffenen ihren Glauben an einen anderen Menschen verloren haben. Diese Wunden sind die schmerzhaftesten. Sind sie erst einmal gerissen, braucht es viel, um sie wieder zu schließen. Ob im beruflichen oder im privaten Bereich, wenn der Stachel des verlorenen Glaubens sitzt und nicht sauber gezogen wurde, wenn die Wunde nicht gründlich versorgt wird, dann bleibt die Atmosphäre vergiftet. Egal, wie die Betroffenen dies zu verdrängen versuchen, sie werden den Stachel immer wieder merken und die Wunde wird sich durch jeden Stich weiter infizieren.

„Es tut mir leid", sagte eine Managerin während einer Konfliktmoderation zu ihrer Kollegin. „So gerne ich es auch täte, aber ich glaube dir nicht."

„Wir glauben Ihnen nicht mehr, dass Sie das, was Sie sagen, auch wirklich meinen", sagte ein Team zu seiner Führungskraft und ging anschließend zum Vorstand, um sich zu beschweren.

„Warum ich die Dinge nicht mehr angesprochen habe?", fragte eine Personalerin. „Weil ich nicht mehr daran geglaubt habe, dass es noch etwas bringt."

„Ich kann meiner Frau nicht mehr glauben", sagte ein Berater während einer Sitzung, „nicht nach all dem, was vorgefallen ist. Das kann ich nicht mehr."

Ist der Glaube gestört, so ist es auch die Beziehung – ist der Glaube verloren, geht die Beziehung verloren.

Glaube ist Vertrauen

Haben Sie sich schon einmal gefragt, wo und wodurch Menschen ihren Glauben verlieren?

Glaube geht dort verloren, wo er auch entsteht: in Beziehungen. Er geht dann verloren, wenn zentrale Grundwerte des Miteinanders nicht eingehalten werden, wenn Beziehung „verraten" wird. Der „Verrat" wirkt am schwersten, wenn er in den ersten Lebensjahren geschieht. Geht der Glaube bereits dort verloren, wo das eigene Leben seinen Ursprung nimmt, dann ist dies die tiefste Wunde, die einem Menschen zugefügt werden kann – wenn die Grundfesten nicht nur erschüttert, sondern gar nicht wirklich aufgebaut werden können. „Wenn Sie meine Kindheit erfahren hätten, dann würden Sie verstehen, warum ich an niemanden glauben kann. Ich bin zu oft allein gelassen worden", sagte eine Projektmanagerin, die sich im Rahmen eines Teambuilding-Prozesses mit ihrer Außenseiterrolle zu beschäftigen begann, unter der sie ihr Leben lang gelitten hatte.

„Wie soll ich an mich glauben, wenn ich nicht gewollt worden bin?", fragte eine Anwältin.

„An mich glauben?", fragte ein Berater. „Wie soll man an sich glauben, wenn der Vater einen noch nicht mal für Wert befunden hat, richtig mit einem zu sprechen?"

„An mich glauben?", sagte eine Studentin. „Schwer, wenn die eigene Mutter der Familie jahrelang etwas vorgespielt hat."

Der Grundstein für unseren Glauben wird im Elternhaus gelegt. Dort, wo das eigene Leben seinen Ursprung genommen hat. „Woher ich den Glauben an mich habe?", fragte eine Ärztin. „Meine Eltern haben immer an mich geglaubt. Sie haben mir immer vertraut, in dem, was ich war und tat."

> ***Die meisten von uns glauben an das, was sie erfahren haben – im Positiven wie im Negativen. Aber ist dies auch die Wahrheit?***

„Ich konnte mich immer auf meine Großmutter verlassen", sagte ein Student. „Sie stand mir stets zu Seite, auch wenn sie einige Dinge nicht guthieß. Sie ist der Grund, warum ich heute hier bin und studiere."

Erleben wir es während unseres gesamten Lebens als kraftspendend, wenn an uns geglaubt wird und wir uns in vertrauensvollen Beziehungen befinden, so ist dies in den ersten Jahren mehr als das: Es ist unsere existenzielle Grundlage. Wir brauchen Menschen, die an uns glauben und an die wir glauben. Nur dadurch können wir einen Glauben an uns und an die Welt entwickeln. Haben wir diese Erfahrungen gemacht, dann haben wir Grundfesten errichtet, die uns durchs Leben tragen, wenn nicht, dann sind wir von Beginn an in uns erschüttert und werden diese Erschütterung mit allen Konsequenzen leben müssen.

Wenn aus inneren Realitäten geglaubt – und nicht mehr geglaubt – wird

Zu häufig werden die geschlagenen Wunden des verlorenen Glaubens nicht versorgt, sodass der Stachel nicht nur dort zum Scheitern führt, wo er gesetzt wurde, sondern sich in Form von einer unverarbeiteten inneren Realität wie ein Virus weiter fortsetzt, das Leben infiziert und den Betroffenen und auch sein Umfeld zu schwächen beginnt.

„Ich habe mich so getäuscht", sagte eine Zahnärztin. „Was soll ich denn jetzt machen? Wie kann ich einem Mann je wieder glauben?"

„Ich bin seitdem vorsichtig“, sagte ein Geschäftsführer. „Ich glaube zunächst grundsätzlich niemandem mehr. Wenn, dann muss man mich erst einmal vom Gegenteil überzeugen.“

„Wissen Sie, wie mein Grundsatz mittlerweile lautet?“, fragte eine Studentin. „Bevor du mir mein Herz gebrochen hast, habe ich dir schon längst dein Bein gebrochen.“

Der Verlust von Vertrauen und von Glauben führt dazu, dass der Betroffene unbemerkt ein Leben zu leben beginnt, in dem er immer mehr das verhindert, wonach er sich eigentlich sehnt. Der verloren gegangene Glaube wird immer mehr zu einer inneren Realität, die für äußere Bedingungen des Misstrauens sorgt. „Ich habe so wenig an mich geglaubt, dass ich meinem Mann nicht glauben konnte, dass er mich tatsächlich liebt. Irgendwann ist er dann tatsächlich gegangen. Er konnte meine ihn umklammernden Zweifel nicht mehr ertragen“, sagte eine Immobilienmaklerin am Ende einer längeren Beratung, die sie aufgrund einer Erschöpfung aufgesucht hatte. Unbewusst entwickeln die Betroffenen aus diesen Erlebnissen den vermeintlichen Glauben, nicht mehr wirklich glauben zu können. Dieser umgibt sie wie eine Festung, die sich in Form von selbsterfüllenden Prophezeiungen weiter ausbaut und sie immer mehr am Leben und an Beziehung hindert.

„Wissen Sie, was das Schlimmste war?“, fragte ein Anwalt. „Dieser Dominoeffekt, erst war der Glaube an mich weg, dann an das, was ich tat, und am Ende an alles, was in meinem Leben war.“

Kann man seinen Glauben wiederfinden?

Haben Sie in Ihrem Leben auch schon einmal Ihren Glauben verloren? Und was haben Sie getan, um ihn wiederzufinden? Haben Sie ihn überhaupt wiederfinden können?

„Wie soll ich noch an das Leben glauben können, wenn es mir meinen Freund genommen hat?“, fragte eine Studentin.

„Wie soll ich noch an mich glauben können, nachdem ich das getan habe, was ich getan habe?“, fragte ein Unternehmensberater.

„Nach all diesem Schmerz und dieser Enttäuschung“, sagte ein erfolgreicher Ingenieur, „wie soll ich jemals einer Frau wieder glauben schenken können?“

Glaube ist das Fundament Ihres Lebens. Was geschieht, wenn dieses Fundament tief erschüttert wurde? Ist es überhaupt möglich, jemals wieder zu vertrauen, wenn man bis in seine Grundfesten enttäuscht wurde?

Ja. Das ist es.

Verlorener Glaube kann wiedergefunden werden. Vertrauen kann wiederaufgebaut werden. Aber nur dort, wo er verloren gegangen und zerstört worden ist:

In Beziehung. Durch Begegnung.

In Begegnung mit sich, in Begegnung mit den Menschen und in Begegnung mit dem Leben.

In der Erfahrung von Substanz und Wahrheit. In der Erfahrung von Religion und Spiritualität. In der Begegnung mit Gott.

Heilung durch Begegnung mit Menschen und dem Leben

Der Glaube liegt im Wesen des Menschen begründet und so ist Glaube immer dann wiederzufinden, wenn der Dialog zu sich aufgenommen wird. Gleichzeitig ist er aber auch durch den äußeren Dialog zu finden. Gemäß dem Dialogprinzip bedingen und ermöglichen sich beide in gegenseitiger Notwendigkeit. Der Dialog ermöglicht es, den Glauben zu finden, gleichzeitig ist der Glaube Grund, um in den Dialog einzutreten.

Wer nicht an sich glaubt, wird den Dialog mit sich nur schwerlich suchen. Wer der Welt nicht glaubt, wird mit ihr nicht in den Dialog treten. Er wird sich selbst und dem Leben gegenüber verschlossen bleiben. Glaube ist Grundlage für den Dialog. Gleichzeitig ermöglicht der Dialog, zurück zum Glauben zu finden. Glaube und Dialog sind untrennbar miteinander verbunden. Wer dies erkennt, hat einen Weg der Heilung gefunden.

„Ich habe den Glauben in die Liebe verloren und wissen Sie, wodurch ich ihn wiedergefunden habe? Durch meinen Freund. Der hat mir gezeigt, dass es so etwas wie Liebe doch gibt“, sagte eine Assistentin.

„Als ich zu mir zurückgefunden habe“, sagte eine Frau, „konnte ich wieder anfangen zu glauben. Erst jetzt erkenne ich, dass ich den Glauben nicht verloren habe, weil mein Mann mich verlassen hat, sondern weil ich selbst mich verlassen habe. Meinen Glauben habe ich in dem Moment verloren, in dem ich mich verlor.“

Ich habe den Glauben wiedergefunden, indem ich auch mich angeschaut habe und meinen Anteil an der Situation“, sagte ein Manager während einer Konfliktmoderation. „Als ich meinen Anteil erkannt habe – warum auch immer –, fing ich irgendwie wieder an zu glauben.“

„Ich habe den Glauben durch die Begegnung mit Gott wiedergefunden. Durch meinen Glauben an Gott kann ich wieder an mich und an die Menschen glauben“ sagte eine 50-jährige Frau.

„Durch Verstehen und durch Verzeihen“, sagte eine Assistentin. „Als ich die Wahrheit erkannt habe. Wahrheit heilt, denn sie bietet das Fundament, auf dem wieder aufgebaut werden kann“, sagte eine Anwältin.

„Der Glaube ist etwas, das ich nicht bestimmen kann, er ist etwas, das in mir lebt. Als ich entdeckt hatte, dass mein Glaube immer da ist und war, da fing ich wieder an zu glauben“, sagte ein Arzt.

Auf der einen Seite ist der Glaube in sich zu finden und auf der anderen Seite hilft er, bei sich zu bleiben. Der Glaube ist eine Lebensader, die uns mit uns und mit dem Leben verbindet. Den Glauben wiederzufinden heißt, sich zu suchen und zu begegnen. Die Menschen zu suchen und ihnen zu begegnen und das Leben zu suchen und ihm zu begegnen.

Heilung durch Begegnung, durch Beziehung mit sich selbst

Entstehen und bleiben kann Glaube nur dort, wo Werte existieren. Es gibt keinen Glauben ohne Wertegrund. Glaube und Werte sind untrennbar miteinander verknüpft.

Viele, die ihren Glauben verloren haben, stellen im Nachhinein fest, dass es sich bei ihnen um einen Glauben ohne Substanz gehandelt hatte. Einen Glauben, dem die Substanz der eigenen Identität fehlte, der sich auch in der äußeren Realität irgendwann als substanzlos erwies und als Illusion entpuppte. Glaube kann nur durchs Leben tragen, wenn er auf der Grundlage des eigenen Wesens und aus dessen Wert heraus entsteht. Erst dies macht den Glauben wertvoll, beständig und auch unerschütterlich. Dies macht den Glauben realistisch.

Je weniger der Glaube jedoch aus eigener Identität entspringt, je mehr er auf inneren Realitäten und daraus resultierenden falschen Überzeugungen basiert, umso brüchiger ist er – und umso schädlicher.

Schädlich, wenn Überzeugungen zu falschen Werten führen, die ein wertvolles Leben verhindern. Ob es der betrogene Mann ist, der glaubt, dass es besser ist, seine Gefühle nicht mehr zuzulassen, und der dies als einen Wert von Stärke und Unabhängigkeit vertritt, oder die Frau, die vor dem Hintergrund ihrer prägenden Vater-Erfahrung daran glaubt, dass ihr Wert in ihrem Aussehen bestünde – fehlt die Substanz der eigenen Identität, ist die Gefahr umso größer, dass der Glaube zum Irrglaube und das Leben zur leidvollen Illusion wird.

„Jahrelang habe ich nach den Werteprinzipien meines Vaters gelebt und erkenne nun, dass sie mit mir nicht das Geringste zu tun haben", sagte ein Geschäftsführer, der sich einer tiefen inneren Leere gegenüberstehen sah, nachdem er „alles hatte, wonach man sich gesehnt hat" – und damit Erfolg und Wohlstand meinte.

Für den Weg zu sich heißt es also auch, sich zu fragen, woran und warum Sie glauben, und sich vom „falschen Glauben" zu befreien.

Gleichzeitig sind gerade diejenigen, die über keine oder nur wenig eigene Identität verfügen, auch diejenigen, die am leichtgläubigsten sind.

Je geringer die Identität eines Menschen ist, umso schneller neigt er dazu zu glauben und diesen Glauben auch wieder zu verlieren. Hier ist der Glaube dann vielmehr Wunschglaube mit allen bitteren

Enttäuschungen, die damit verbunden sind – und meist der Konsequenz, dass am Ende der Glaube vollends verloren worden ist.

„Wie konnte ich mich nur so täuschen", sagte eine Frau. „Ich habe so daran geglaubt, dass das Kind unsere Ehe retten würde." – „Es sah alles nach optimalen Bedingungen aus", sagte ein Unternehmer."

„Wissen Sie, was das Schlimmste war?", fragte eine Frau. „Festzustellen, wie ich Jahre meines Lebens vergeudet habe, weil ich um jeden Preis glauben wollte, dass es eine Chance mit meinem Mann und mir gab. Alles, was dagegensprach, habe ich komplett ausgeblendet. Ich wollte es einfach nicht sehen und ich wollte es nicht wissen. Ich wollte glauben, dass wir das perfekte Paar sind."

Glaube mit Wunsch zu verwechseln ist ein Grund, den Glauben irgendwann zu verlieren – ohne ihn wirklich gefunden zu haben. Dies führt nicht nur zu inneren, sondern häufig auch zu äußeren Trümmern – zu Trümmern verpasster Lebenschancen.

Wer seinen Glauben wiederfinden und aus ihm Kraft fürs Leben schöpfen will, anstatt durch ihn Kraft zu verlieren, der hat sich auf die Suche nach dem zu machen, was auch wirklich ist. Nach Wahrheit. Nach Substanz. Nach echten Werten. Nach sich selbst.

„Echter" Glaube und „falscher" Glaube

Viele unterliegen dem Irrtum, Ihren Glauben nun selbst in die Hand nehmen zu wollen, nachdem sie sich als Opfer ihrer falschen Überzeugungen und inneren Realitäten erkannt haben. Hat man an etwas „Falsches" geglaubt, muss man nun eben an etwas „Richtiges" glauben, und das Richtige, das bestimmen wir selbst. Sie meinen, der Glaube sei zu programmieren, und merken nicht, dass es nicht nur der Inhalt ist, der zu Leid geführt hat, sondern die fehlende Identität und Verbindung zum Wesentlichen.

Echter Glaube heißt nicht, an etwas glauben zu wollen, sondern es zu tun. Er entsteht weder durch Einreden noch durch gedankliche Übungen, sondern aus der Begegnung mit Wahrheit und echtem Wert. „Aber was ist denn falsch daran, sich nun regelmäßig zu sagen, dass man sich mag?", fragte eine depressive Frau, die herausgefunden hatte, dass sie sich nicht mochte, unter vielen „falschen Glaubenssätzen" litt und die nun versuchte, sich durch neue Sätze „umzuprogrammieren". „Also mir helfen meine Affirmationen – das ist wie mit Vitaminpillen", sagte ein Berater. „Die regelmäßige Einnahme motiviert mich. Und je länger ich sie mir sage, umso mehr glaube ich auch an mich." – „Aber was ist denn mit dem Gesetz der Resonanz? Stimmt es nicht, dass man alles anzieht, was man denkt und fühlt?", fragte eine Frau, die von diesem Gesetz gerade gelesen hatte und nun dabei war, ihre Gedanken zu trainieren. Ohne sich dabei jedoch um die Ursachen ihrer Gedanken zu kümmern, sodass sie trotz aller Mühen weiter der Wirkung ihrer ungelösten Ursache unterlag. Ganz dem Ursache-Wirkung-Prinzip gemäß.

Wer meint, Glauben durch Affirmation zu erreichen, der wird sich nicht über die Ebene von Glaubenssätzen hinausbewegen. Echter Glaube ist weder „Programmierung" noch Suggestion noch Gedankentraining, sondern die Erfahrung echter Werte und darin die Erfahrung des eigenen Wertes – das unterscheidet Glauben von glauben und macht nur den wirklichen unerschütterlich.

Glauben in Freiheit

Aber auch hier gilt: Sie sind die Person, die entscheidet, welche Form von Leben auf welcher Grundlage und nach welchem Menschenbild Sie leben wollen. Sie entscheiden, was Sie glauben und was nicht – selbst wenn dies am Ende gar nicht stimmen sollte.

Glauben Sie, dass Sie und Ihre Gefühle zu programmieren sind? Und wenn ja, wollen Sie das? Entscheiden Sie, ob Sie Ihr Leben nach Programmierung oder in Freiheit leben wollen. Was trauen Sie dem Wesen Mensch und was sich selbst zu? Glauben Sie, dass der Glaube eine Frage des Willens ist, oder besitzen Sie das Vertrauen, dass er mehr als nur Suggestion sein, weit über die Vorstellungskraft hinausgehen und Sie auch über sich selbst hinausführen kann?

Glauben Sie, dass wir es tatsächlich sind, die die Welt erschaffen, oder glauben Sie, dass die Welt längst besteht? Dass es gilt, sie zu erkennen, damit wir in ihr leben und sie in all ihren Facetten auf allen Ebenen nutzen können? Glauben Sie, dass es eine Wahrheit gibt, die es zu entdecken gilt, oder meinen Sie, dass Sie derjenige sind, der über Wahrheit und Illusion entscheidet?

Was spricht dagegen, an mehr zu glauben als an sich selbst?
Wer sich auf die Suche nach sich selbst macht, der wird sich früher oder später weitere Fragen stellen. Wer seine Substanz gefunden hat, der wird irgendwann auch die Substanz der Welt finden wollen. Er wird sich Fragen stellen, die über ihn selbst hinausgehen. Fragen, die über das Leben hinausgehen. Existenzielle Fragen.

„Kann ich es denn nicht einfach bei den Werten und meinem Lebensprinzip belassen?", fragte ein Manager, der „an die Liberalität und Gleichberechtigung" glaubte. Natürlich. Dabei können Sie es belassen. Sie können es dabei belassen, ob Sie nun an Ihren „gesunden Menschenverstand und an Ihr Bauchgefühl" glauben oder „... daran, dass man vieles in seinem Leben selber gestalten kann". Sie können es dabei belassen zu glauben, „dass das Leben eine Sinuskurve ist, bei der es immer wieder bergauf geht", „... dass nach Regen Sonnenschein kommt" oder Ihr Leben am Spruch „Was du nicht willst, dass man dir tut, das füge keinem anderen zu" messen. Wo immer Sie in diesem Bereich stehen: Sie können es dabei belassen.

Wer nach dem Prinzip des Dialoges zu seinem Glauben finden will, der kann dies nur, wenn er auch hier tatsächlich bereit ist, alles, was ihm begegnet, auf Substanz zu überprüfen, bevor er daran glaubt oder dies ablehnt.

Sie können aber auch weitergehen. Weitergehen, weil Sie wissen, dass der Bereich Glaube weit mehr als einfache Lebensprinzipien und bloße Werte bietet, sondern Antworten auf existenzielle Fragen. Weitergehen, weil Sie mehr über die Welt und das Leben wissen und weil Sie den Bereich des Glaubens ganz erfassen wollen.

„Wenn du in deinem neuen Buch über den Bereich Glauben schreiben möchtest", sagte jemand zu mir, „dann fang bloß nicht mit der Religion an, da blockieren die Leute." „Glaube heißt mehr als Religion? Ein Glück", sagten einige Seminarteilnehmer.

Haben Sie sich einmal gefragt, warum der Bereich Religion und Spiritualität ein Bereich ist, der genauso heftig gesucht wie vehement abgelehnt wird?

Weil es keinen anderen Bereich gibt, der so emotional aufgeladen ist, da er so durch Macht wie Ohnmacht geprägt ist.

Wo stehen Sie in diesem Bereich? Halten Sie es wie ein Geschäftsführer, der sich auf Steven Weinberg berief und kürzlich sagte: „Ohne Religion tun gute Menschen Gutes und böse Menschen Böses und mit Religion tun gute Menschen Böses"? Oder halten Sie es wie eine Architektin, deren Glaube zu Gott selbstverständliche Lebensgrundlage ist?

Bevor Sie sich zwischen diesen Bandbreiten einreihen oder vielleicht sogar schon eingereiht haben, haben Sie schon einmal bedacht, dass es immer wir Menschen sind, die dem Glauben Gestalt und Ausdruck verleihen? Und dass das, was sich dort zeigt, möglicherweise viel mehr mit dem Menschen als mit dem Glauben an sich zu tun hat? In keinem anderen Bereich ist die Gefahr größer, das, was tatsächlich ist, zu verkennen – die Gefahr, das, was sich eigentlich hinter Religion und Spiritualität verbirgt, nicht zu erfassen, weil der Mensch es versperrt. Wer sich also nicht durch den Menschen täuschen lassen, sondern herausfinden will, was spiritueller Glaube wirklich beinhaltet und bedeuten kann, der sollte bereit sein, hinter die menschliche Fassade zu sehen, anstatt sich von ihr blenden zu lassen. Der sollte sich ehrlich und offen auf die Suche nach Substanz und Wahrheit machen, bevor er glaubt, was er glaubt und sich möglicherweise einem wesentlichen Teil des Lebens gegenüber versperrt. Er sollte sich und den Glauben in all seinen Facetten überprüfen und dann zu einer für ihn wesentlichen Form finden – wie auch immer diese dann im Einzelnen aussehen mag. Erst wer bereit ist, in diesem Bereich nach dem zu suchen, was ist, wer bereit ist zu erkennen, dass dies nichts mit der menschlichen Vorstellung zu tun hat, wer seine inneren Realitäten,

Wünsche und Vorstellungen nicht als Maßstab für sich, die Welt, das Leben und Gott machen will, sondern bereit ist, über seinen Tellerrand hinauszuschauen, der hat die Möglichkeit, zu einem wesentlichen Glauben zu finden.

Glaube als Antwort auf die Frage nach dem Leben?

Obwohl immer mehr Menschen aus den Kirchen austreten, hört die Suche nach Orientierung im Leben nicht auf – im Gegenteil, sie wird nur verlagert.

Der Esoterikmarkt boomt wie nie zuvor und der Zulauf der westlichen Welt in fernöstliche Religionen auf der Suche nach Antworten auf die eigenen Lebensfragen wird immer größer.

Doch wie jeder andere Lebensbereich kann auch der spirituell-religiöse Glaube wesentlich oder unwesentlich sein – mit allen damit verbundenen Konsequenzen für die eigene Gesundheit und Identität.

Was also heißt es, in diesem Bereich mit sich im Dialog zu sein? Was für Voraussetzungen müssen nach dem Prinzip des Dialoges erfüllt sein, damit der Mensch in diesem Bereich zu sich und zum Glauben finden kann?

Um sich von dem eigenen Leiden zu befreien, versuchen manche, sich selbst durch eine Religion und Glauben zu ersetzen und müssen dann ebenso leidvoll feststellen, dass sie niemals um sich selbst herumkommen – erst recht nicht, wenn es um den Bereich des spirituellen Glaubens geht. Ich erinnere mich an eine Frau, die damals wegen Depressionen zur Behandlung in die Klinik kam – sie berichtete, dass sie sich für den Buddhismus entschieden habe, um sich von ihrem Leid zu befreien. Peinlich genau hielt sie alle Regeln ein, die sie dort fand. Sie übte und meditierte Tag für Tag – die Depression jedoch blieb. Auch für die Religion und Spiritualität gilt, dass jeder noch so stimmige Wert an sich wertlos wird, wenn

> *Glaube ist der mächtigste Bereich im Leben. Je selbstloser jemand glaubt, umso mehr Kraft wird sein Glaube ihm geben.*

man ihn blind befolgt oder nachahmt. Wirklich glauben kann auch hier nur, wer über eine eigene Identität verfügt. Leider wird dies von vielen ignoriert. Unabhängig von der Glaubensrichtung kauen viele das nach, was ihnen vorgekaut wird – und bleiben dabei genauso fern von sich selbst wie von dem Gott, nach dem sie suchen.

Spiritueller Glaube kann nur aus sich selbst heraus und in sich selbst erfahren werden. Wirklich glauben kann nur der, der aus einem Selbstverständnis heraus glaubt, der glaubt, weil dies in seinem Wesen begründet liegt und weil er nicht anders kann. Wer glaubt, um sich besser zu fühlen, um seine Angst zu verlieren oder was auch immer zu erreichen, der missversteht das Wesen des Glaubens.

Hinzu kommt, dass der, der nicht weiß, wer er ist, gleichzeitig der Gefahr unterliegt, den Glauben zu missbrauchen, indem er seine fehlende Identität durch diesen zu ersetzen versucht.

Wer seine Identität in Gott anstatt in sich selbst sucht, der läuft aufgrund seiner eigenen Minderwertigkeit Gefahr, sich unbewusst für Gott zu halten und dementsprechend auch im Außen aufzutreten. Nirgendwo ist das Risiko des Missbrauchs durch falsche Identität größer als im Bereich des spirituellen Glaubens, dem Glauben an eine höhere Macht.

Die Konsequenz sehen wir bis heute durch die Jahrhunderte hindurch.

Das Prinzip des Dialoges als spiritueller Weg: Wer wirklich glauben will, der braucht sich selbst

Zu glauben bedeutet immer einen aktiven Prozess. Die Welt und das, was ist, zu erfassen, kann nur aus sich selbst heraus geschehen. Es ist ein Erfahren und kein Nachahmen. Es ist ein Suchen und Finden. Aber kein Folgen. Glaube kann nur heilsam sein, wenn er im Dialog gelebt wird. Aus einem inneren Dialog in den äußeren eintretend. Den äußeren Dialog im Innen erfahrend.

Zu glauben ist keine Frage des Wollens, sondern es ist ein notwendiges, ein wesentliches Nicht-anders-Können, das uns zu dem führt, wer wir eigentlich sind. Glaube entspringt aus dem eigenen Wesen und führt gleichzeitig zurück in die Heimat des Wesentlichen.

Erst wenn ich mit mir im Dialog bin, kann ich den Glauben entdecken, denn Glaube entsteht immer nur in mir. Glaube ist nicht im Außen zu finden, sondern in meinem Inneren. Er bietet nicht nur die Möglichkeit, zu Gott zu finden, sondern er ist gleichzeitig Voraussetzung, ganz zu sich zu finden.

Erst wenn der Mensch in der Lage ist zu erkennen, dass es außerhalb seines erfahrenden Selbst etwas gibt, erst dann kann er sich selbst ganz erfahren.

„Als ich erkannt habe, dass die Welt mehr ist als ich, dass es eine andere Kraft außer meiner selbst gibt, hatte ich das Gefühl, mich auch ganz spüren zu können", sagte ein Geschäftsführer.

Ganz glauben kann der Mensch aber erst dann, wenn er in der Lage ist, sich selbst aufzugeben. Sich selbst aufgeben kann er nur, wenn er weiß, wer er ist. Um dies zu wissen, muss er sich zuvor gefunden habe.

Das Prinzip des Dialoges heißt, sich in sich zu finden und in diesem Finden mit Gott, dem eigenen Glauben, in den Dialog zu treten. Wir können Gott erst erfahren, wenn wir uns selbst erfahren, denn erst dann haben wir die Möglichkeit zu unterscheiden. Erst wenn wir wissen, wer wir sind, können wir das „Mehr" um uns herum überhaupt erkennen.

„Erst als ich wusste, wer ich bin und wie ich mich anfühle, konnte ich den Glauben erfahren. Vorher habe ich ihn gedacht", sagte eine Frau.

Erst wenn wir uns erkennen, können wir Gott erkennen. Gleichzeitig können wir uns selbst nur ganz erkennen, wenn wir in dem Erkennen von Gott die eigene Begrenzung erfahren.

„Das heißt", sagte ein Manager, „der Weg zu mir ist gleichzeitig auch der Weg zu Gott?"

Ja. Und der Weg zu Gott ist gleichzeitig auch das Aufgeben und Wiederfinden des eigenen Selbst. Inwieweit das eigene Finden auch automatisch das Finden des Göttlichen in sich selbst beinhaltet – diese Antworten können meiner Ansicht nach nur in den Momenten gegeben werden, in denen jemand sie erfährt, von dem, der sie erfährt.

Der Weg zu sich selbst ist immer auch ein spiritueller

Spiritueller Glaube bedeutet, anerkennen zu können, dass es mehr gibt als uns und als das, was wir mit unserem Verstand erklären können. Er bedeutet die Aufhebung von Grenzen des Verstandes und die Anerkennung, dass der Mensch weit mehr ist. Solange wir die Welt nur mit unserem Verstand erfassen wollen, bleibt sie uns mindestens zur Hälfte verschlossen. Erkennen wir dies nicht an, versperren wir uns einen wesentlichen Teil des Lebens. „Ich glaube, ich hatte Angst zu glauben, weil ich Angst hatte, die Kontrolle über mich selbst aufzugeben“, sagte ein Berater. „Es ist schon interessant. Zu glauben gibt Mut und Vertrauen, aber gleichzeitig erfordert der Glaube genau dies. Irgendwie habe ich das Gefühl, dass mir der Glaube das zurückgibt, was ich ihm gebe. Und je mehr ich loslasse, umso mehr gibt er mir.“

Spiritueller Glaube ist ein wesentlicher Bestandteil des Menschen, der ihm auf dem Weg zu sich hilft, das zu finden, was ist. Was ist und wer er selbst ist. Insofern ist der Weg zu sich selbst immer auch ein spiritueller. Gleichzeitig ist der Weg zu sich selbst ein Teil des spirituellen Weges. Es ist der Weg, die Wahrheit über sich und sein Leben in sich zu entdecken, die Wahrheit über das allgemeine Leben und die Wahrheit über das Leben hinaus. Dafür trägt der Mensch nicht nur den Glauben in sich, sondern auch gleichzeitig das Wissen. Der Glaube hilft, zu diesem Wissen zurückzufinden. Spiritueller Glaube ist nichts anderes als ein altes Wissen, das jeder von uns in sich trägt und das es zu entdecken gilt. Er heißt am Ende nichts anderes, als das zu erfahren,

Je tiefer wir in unser Wesen eintreten, umso tiefer können wir das Wesen der Welt erfahren.

was man weiß, ohne vorher zu wissen, dass man dies schon immer wusste.

Es ist ein Erkennen und gleichzeitiges Wissen dessen, was ist. Fernab von Moral. Fernab von Gut, fernab von Böse. Fernab von Dogma oder Gesetz, sondern im einfachen Sehen von Wahrheit und im Erkennen von Heimat.

„Der Glaube an Gott ist für mich Heimat. Es ist ein tiefes Gefühl des inneren Aufgehobenseins – ich fühle mich geborgen in der Welt", sagte eine Lehrerin.

„Es ist ein übergreifendes Gefühl des Getragenseins, die Gewissheit, dass ich gehalten werde, egal, was passiert."

„Er ist das Fundament meines Lebens, ohne dass ich darüber ständig nachdenken muss. Es ist einfach selbstverständlich. Ich glaube, es war auch schon immer da. Ich habe es nur lange nicht gespürt", sagte ein Geschäftsführer nach schwerer Krankheit.

Der spirituelle Weg ist ein Weg zurück, hin zu dem, von wo wir gekommen sind.

Dieser Weg kann aber nur dann gelingen, wenn er auf mündiger und sehender Grundlage aus dem eigenen Wesen heraus geschieht.

Ein Weg des Bewusstseins auf verschiedenen Stufen

Der spirituelle Weg ist nichts anderes als ein Weg des Bewusstseins auf verschiedenen Stufen. Je tiefer wir in unser Wesen eintreten, umso tiefer können wir das Wesen der Welt erfahren – und möglicherweise auf diesem Weg irgendwann die Erfahrung machen, dass das Innen und Außen sich gegenseitig aufheben. Dass innen außen und außen innen ist. Dass die innere Welt gleich der äußeren Welt ist und dass weder Zeit noch Raum noch Grenzen existieren.

Auch wenn dieser Weg ein Weg ins eigene Innere ist, ist es gleichermaßen wichtig, in diesem Bereich ein äußeres Zuhause zu finden. Orte, Menschen, Ausdrucksweisen – ein Zuhause, in dem Sie das, was Sie innerlich erkennen und spüren, erfahren und diesem auch im Außen Gestalt und Ausdruck verleihen können.

Solch ein äußeres Zuhause kann Ihnen ebenfalls dabei helfen, immer mehr zu Ihrem inneren Zuhause in diesem Bereich zu finden. Wichtig ist jedoch, dass Ihnen niemand sagen kann, wie dieses aussieht. Nur Sie selbst können wissen, wo Ihre persönliche Heimat im Glauben liegt. Nur Sie selbst können um die spirituelle Heimat Ihrer Seele wissen.

Viele verkennen dies und machen sich auf die Suche nach Erlösung, indem sie einen spirituellen Führer zu Rate ziehen. Dieser kann aber nur dann einer sein, wenn er sie daran erinnert, dass das, was ist, auch in jedem von uns zu finden ist, dass es nicht gilt, Wahrheit allein im Außen zu suchen oder blind zu befolgen, sondern sie in sich selbst zu entdecken. Ein spiritueller Führer, der kein Führer, sondern ein wissender Begleiter ist, der Ihnen zu erkennen hilft, dass das, was ist, sich am Ende immer zeigen wird, aber nur dann, wenn es selbst gesehen, erkannt und erfahren wird.

Wer meint, spirituelle Wahrheit zu finden, indem er durch die Augen eines anderen sieht, der wird ebenso scheitern wie diejenigen, die ihre Augen an dieser Stelle des Lebens verschließen. Es gilt, durch die eigenen Augen sehen und erkennen zu lernen.

„Erst als ich begriff, dass dieser Weg von keinem anderen außer von mir selbst gegangen werden kann", sagte eine Beraterin, „ begannen sich Türen zu öffnen." – „Am Ende waren es nur meine eigenen Erkenntnisse, die mich einen Schritt weitergebracht haben", sagte eine Zahnärztin.

Die Gefahr, in dem Bereich des Glaubens etwas als Gott oder als spirituelle Wahrheit zu verkaufen, was am Ende nur die Wahrheit des Verkäufers ist, ist groß. Und zwar so lange wie der, der von diesem Bereich spricht und möglicherweise sogar offiziell predigt, sich selbst nicht gefunden hat. Selbst wenn jemand in diesem Bereich etwas Wahres sagt, kann dies nur so lange wahr bleiben, wie der Betreffende es um der Wahrheit willen und nicht um seiner selbst oder der Predigt willen sagt.

Die Menschen besitzen ein feines, meist unbewusstes Gespür für das, was ist – vor allem in dem Bereich des Glaubens. Ein Gespür dafür, ob jemand weiß, wovon er spricht – vor allem, wenn er von Gott spricht. Ein Gespür, ob jemand weiß, wovon er spricht oder eben auch nicht – auch diejenigen, die nicht glauben und es möglicherweise deswegen nicht tun, weil sie unbewusst merken, dass vieles von dem, was gepredigt wird, nicht dem Wesen des Glaubens entspringt – sondern einer falschen Identität des Predigenden, der den Glauben zu seiner Identität gemacht hat, ohne seine eigene zu kennen.

Meines Erachtens wird Kirche immer weiter an Kraft verlieren, wenn sie nicht erkennt, dass Glaube nur durch Identität vermittelt werden kann und in Anerkennung dessen für einen wesentlichen Richtungswechsel sorgt, indem sie auf allen Ebenen einen mündigen Dialog aller Beteiligten bietet und so für das notwendige äußere Zuhause in diesem Bereich sorgt.

Nehmen Sie sich nicht die Chance

Mündiger Glaube heißt, einen eigenen Glauben zu finden und möglicherweise zu entdecken, dass dies ein allgemeiner Glaube, eine allgemeine, wesentliche Wahrheit ist. Je unmündiger jemand ist, umso ohnmächtiger ist er und umso mehr sucht er (vergeblich) nach Möglichkeiten, die ihn aus dieser Ohnmacht befreien könnten.

Denken Sie daran, dass dies auch für den Lebensbereich des Glaubens gilt – und denken Sie vor diesem Hintergrund daran, dass dies nichts über Gott oder den Glauben an sich aussagt, sondern vielmehr über den Menschen, der vor Ihnen steht. Je weniger Identität jemand besitzt, je mehr der innere Dialog fehlt, umso dogmatischer muss er im Außen auftreten. Sowohl im Nein wie im Ja.

Nehmen Sie sich nicht die Chance, in diesem Bereich eine echte eigene Identität zu entwickeln, ein mündiges Ja oder Nein, und herauszufinden, was für Sie Glaube ist. Wenn Sie zu sich zurückfinden wollen, dann gilt es auch hier zu erkennen, wer Sie tatsächlich sind. Der Glaube ist ein existenzieller Lebensbereich des Menschen, der viel Kraft und Leben spenden kann und darüber hinaus Antworten auf Fragen bietet, die über den Bereich des Menschseins hinausgehen. Warum sollten Sie sich diesen Bereich verwehren?

Der Glaube ist immer etwas Persönliches und sollte es meines Erachtens auch bleiben. Sollte es einen Gott geben, so wird jeder ihn auf seine Art und Weise erfahren – oder auch nicht. Wie in jedem Bereich, so bestimmen Sie auch in diesem Bereich die Tiefe Ihrer Suche, Ihres Weges, ihres Lebens. Sie entscheiden, wann Sie mit der Suche aufhören wollen und wann Sie meinen, alle Antworten auf Ihre Fragen gefunden zu haben. Sie entscheiden, welchen Glauben Sie aus Ihrem Wesen heraus leben wollen: Wollen Sie es bei einem einfachen Lebensprinzip, bei Grundwerten des menschlichen Lebens belassen? Oder wollen Sie sich weiter auf die Suche machen nach etwas, das möglicherweise über das einfache Menschsein hinausgeht? Sie entscheiden. Fernab von Zwang. Fernab von Selbstzweck. Sondern dem angemessen, was für Sie wesentlich ist.

Mündiger Glaube heißt, einen eigenen Glauben zu finden und möglicherweise zu entdecken, dass dies ein allgemeiner Glaube, eine allgemeine, wesentliche Wahrheit ist.

Machen Sie sich auf die Suche nach etwas, von dem Sie spüren, dass es Sie in Ihrem Wesen berührt. Wo ist Ihre spirituelle Heimat? Was ist die Wahrheit Ihres Lebens? Halten Sie Ihre Augen offen und hören Sie in sich hinein. Wo spüren Sie ein inneres Echo auf äußere Begegnung? Folgen Sie diesem Echo in der inneren und in der äußeren Begegnung. Die Wahrheit ist in Ihnen und um Sie herum – machen Sie sich auf die Suche nach ihr, solange, bis Sie wissen, dass Sie sie gefunden haben.

Woran glaube ich?
Glaube ist Grundlage für ein gelingendes Leben. Gelingen kann das Leben nur, wenn wir dem Glauben nicht blind folgen, sondern wenn wir auch in diesem Bereich zu unserer Identität finden. Überprüfen Sie vor diesem Hintergrund Ihren Glauben auf seine Substanz. Finden Sie heraus, welche inneren Realitäten Sie bezüglich Ihres Glaubens in sich tragen, und lösen Sie diese auf.
Es gilt, dass Ihr Glaube keine ohnmächtige Reaktion ist, weder in Form von Widerstand noch in Form von blinder Nachahmung, sondern ein freier und selbstverständlicher Ausdruck Ihres Wesens. Sorgen Sie für einen beständigen inneren (und äußeren) Dialog in diesem Bereich – und machen Sie sich auf die Suche nach Ihrer inneren und äußeren Glaubensheimat.
Überprüfen Sie die essenziellen Punkte im Bereich des Glaubens: Glauben Sie an sich? Glauben Sie an die Menschen und glauben Sie an das Leben? Wenn Sie in einem der Bereiche Ihren Glauben verloren haben, überlegen Sie einmal in Ruhe, warum und wo dies geschehen ist. Was könnte Ihnen helfen, Ihren Glauben wiederzufinden? Denken Sie daran, dass begegnende Erfahrung heilt – ist es der innere Dialog, die Begegnung mit sich selbst oder die Begegnung mit den Menschen, der Welt oder dem spirituellen Glauben, die Ihnen helfen kann, Ihren Glauben wiederzufinden? Was auch immer es ist, finden Sie es heraus und sorgen Sie dafür, denn der verlorene Glaube ist die schmerzhafteste und kraftraubendste Wunde, die ein Leben „ausbluten" lassen kann.
Sorgen Sie ebenso für ein stabiles Wertegerüst in Ihrem Leben. Welche Werte sind für Sie wesentlich? Suchen Sie nach echten Werten und leben Sie diese konsequent. Nicht nur, um ein wertvolles Leben zu gewährleisten, sondern auch im Sinn einer Grundlage, die Ihnen Grund zum Glauben und Sinn zum Leben gibt. Glaube kann nur bestehen, wenn er auch gelebt wird.

Dritter Lebensbereich: Soziale Kontakte

„Soziale Kontakte? Ich habe meine Familie."

„Darum kümmert sich meine Frau."

„Die sind immer weniger geworden. Freunde und Karriere, das verträgt sich nicht gut."

„Wenn Sie so viel arbeiten wie ich, dann sind Sie froh, abends Ihre Ruhe zu haben."

„Wo Sie das fragen, ich habe einen guten Freund, den muss ich mal wieder anrufen."

„Freunde kommen und gehen, und meine sind gegangen", sagte ein erschöpfter Anwalt, der in die Beratung kam, weil er, wie sich später herausstellte, innerlich begonnen hatte, das Leben zu verlassen.

Leben ist Begegnung und Beziehung – Freundschaften und soziale Kontakte haben maßgeblich Anteil an einem ausgewogenen Leben und werden dennoch von vielen im Laufe ihres Lebens mit unterschiedlichen Begründungen und Ausreden immer mehr vernachlässigt. Dabei kann dieser Bereich durch keinen der anderen Bereiche ersetzt werden, auch nicht durch die Partnerschaft und Familie. Es gilt, auch ihn, wie alle anderen Bereiche im Leben, zu integrieren.

Diejenigen, die sich in ihrem Leben erschöpft haben, hatten nicht nur den Kontakt zu sich selbst, sondern darüber auch meist den Kontakt zu ihrem Umfeld verloren.

„Je mehr ich in meinem Leben funktionierte", sagte ein Manager, „umso mehr verlor ich auch das Interesse, mich auszutauschen."

„Mir war einfach alles zu viel", sagte eine Frau, die sich aufgrund eines beruflichen Konflikts immer mehr zurückgezogen hatte. „Die ganze Belastung im Job, das vermieste mir auch alle anderen Kontakte."

„Rückblickend kann ich sagen, es lag auch an mir, dass die Freundschaften immer weniger wurden", sagte ein Geschäftsführer. „Ich war so frustriert über meine Lebenssituation, dass ich dies, ohne es zu merken, an meinem Umfeld ausließ. Ich triefte nur so vor Sarkasmus."

„Ich kreiste am Ende nur noch um mich", sagte eine Lehrerin, „und hatte überhaupt keinen Blick für meine Freunde. Ich war einfach nur dicht."

„Wenn Sie ständig das Gefühl haben, in Ihrem Leben kämpfen zu müssen", sagte eine Managerin, die sich in einem beruflichen

Konflikt befand, „dann vergessen Sie ganz schnell, dass nicht jeder gegen Sie ist."

Viele der Betroffenen hatten sich aufgrund ihrer Lebenssituation von ihren Freundschaften und sozialen Kontakten zurückgezogen und wurden so unbemerkt zum Einzelkämpfer, andere hatten sich aufgrund von inneren Realitäten schon von Beginn an in einer Position des Einsiedlers eingerichtet.

„Ich war wirklich der Überzeugung, mir selbst der Nächste zu sein", sagte ein Mann. „Wenn man von Anfang an auf sich selbst gestellt war, dann kommt das automatisch. Erst jetzt merke ich, wie einsam ich mich eigentlich fühle."

„Wenn man so häufig wie ich umgezogen ist", sagte ein Student, „dann hört man irgendwann auf, Freundschaften aufzubauen. Dann verlässt man sich lieber auf sich selbst."

„Mir war nicht bewusst", sagte eine Frau, „wie sehr ich den Zynismus und die Besserwisserei meiner Mutter übernommen habe, das vertreibt Leute."

Auch in diesem Bereich sind es nicht selten innere Realitäten, die eine Freundschaft nicht nur verhindern, sondern auch immer wieder scheitern lassen.

„Mein Misstrauen machte jede Freundschaft unmöglich."

„Rückblickend kann ich sagen, dass es meine Erwartungen waren, an denen meine Freundschafen gescheitert sind", sagte eine Anwältin. „Es waren vollkommen unrealistische Erwartungen. Es waren die Erwartungen eines verlassenen Kindes."

Wenn Freundschaft nur Mittel zum Zweck ist

Echte, tiefe und auch lebenslange Freundschaft setzt eigene Identität voraus. Je ferner Sie von sich selbst sind, je mehr Sie unbewusst in inneren Realitäten gefangen sind, umso weniger können Sie Freundin oder Freund sein und umso weniger werden Sie einen Freund oder eine Freundin finden. Erst wer für sich stehen kann, der kann auch für jemand anderen einstehen. Je unsicherer der eigene Stand, umso größer und unrealistischer die Erwartungen und umso belasteter die Freundschaft. Gleichzeitig ermöglicht die eigene Identität überhaupt erst Freundschaft. Viele erkennen im Laufe ihres Lebens, dass sie auch in diesem Bereich falschen Identitäten hinterhergejagt sind und Freundschaft mit Selbstzweck verwechselt haben.

Echte, tiefe und auch lebenslange Freundschaft setzt eigene Identität voraus.

Je unwesentlicher das eigene Leben, je falscher die eigene Identität, umso oberflächlicher auch die sozialen Kontakte und Freundschaften, die am Ende dann meist über eine Bekanntschaft nicht hinausgehen.

„Erst am Ende merkte ich, dass ich zwar viele Kontakte hatte", sagte ein Geschäftsführer, „aber das waren alles Kontakte von der Sorte, die man pflegt, weil sie dazugehören – und weil ich dazugehören wollte."

„Rückblickend betrachtet", sagte eine Immobilienmaklerin, „bestanden meine ‚Freundschaften' daraus, dass wir uns gegenseitig unseren Erfolg und Lebensstandard vorhielten."

„Es ist schon interessant", sagte ein Geschäftsführer, „wie viele Freunde man hat, wenn es gut läuft, und wie still es plötzlich um einen wird, wenn man kurz vor der Insolvenz steht."

Du hast 20 neue Freundschaftsanfragen

Was ist eigentlich ein Freund?

Nicht selten stellen Menschen im Laufe ihres Lebens fest, dass sie jemanden einen Freund nannten, der keiner war, und dort einen Freund erkannten, wo sie ihn niemals vermuteten.

Haben Sie sich einmal gefragt, was Freundschaft eigentlich bedeutet? Was wirkliche Freundschaft ausmacht? Ab wann würden Sie einen Freund als Freund bezeichnen?

„Ich fühle mich bei meinen Freunden zu Hause", sagte eine Zahnärztin. „Dort kann ich so sein, wie ich bin. Das macht für mich Freundschaft aus."

„Freundschaft ist Seelenverwandtschaft."

„Freundschaft ist für mich hundertprozentige Zuverlässigkeit."

„Uneingeschränkte Loyalität und das Wissen, auf den anderen zählen zu können."

„Männer kommen und gehen. Freundinnen bleiben."

„Vertrauen."

„Dass ich zu jeder Tages- und Nachtzeit anrufen kann, wenn es mir schlecht geht."

„Verschwiegenheit."

„Miteinander reden, anstatt übereinander zu reden", sagte eine Referentin.

Wenn man die Menschen fragt, was für sie Freundschaft bedeutet, so erhält man die unterschiedlichsten Antworten – genauso unterschiedlich, wie die Menschen und ihre Freundschaften sind. Doch obwohl jede Freundschaft einzigartig ist, macht Einzigartigkeit keine Freundschaft aus. Auch ihr liegen ein Wesen und damit verbundene Werte zugrunde, die es zu erfüllen und zu leben gilt, damit Freundschaft überhaupt Freundschaft sein kann: Das Grundwesen von Freundschaft ist die bedingungslose loyale Verbundenheit.

Das Grundwesen von Freundschaft ist die bedingungslose loyale Verbundenheit.

Die loyale Verbundenheit, in der nicht immer die gleichen Ansichten herrschen müssen, aber immer ein uneingeschränktes Ja zum anderen in seiner Person und die damit verbundene Bereitschaft, ihm in Höhen und Tiefen des Lebens zur Seite zu stehen. Weder um der Höhen noch um der Tiefen, sondern um seiner selbst willen. Die Bereitschaft, dem anderen zur Seite zu stehen, ohne sich selbst dabei zu verlieren, auch dann, wenn der andere es für einen selbst nicht immer konnte.

Freundschaft ist eine Wesensverbundenheit. Je näher und bekannter sich die Wesen sind, umso tiefer die Verbindung. Sie entsteht nicht dadurch, dass man sich besonders häufig sieht, sondern durch „innere Verwandtschaft" und durch die Qualität, zur richtigen Zeit am richtigen Ort zu sein.

„Selbst wenn wir uns Wochen nicht sehen, so weiß jeder von uns, dass er auf den anderen zählen kann", sagte ein Geschäftsführer.

„Wir sehen uns, wenn es hochkommt, vielleicht dreimal im Jahr", sagte eine Unternehmensberaterin, „aber ich weiß, dass jede von uns beiden alles stehen und liegen lassen würde, wenn die eine die andere braucht."

„Leider merkt man erst, wenn man keinen mehr anrufen kann, wie sehr einem dies fehlt", sagte ein Unternehmensberater, der von einem „leeren Telefonbuch" berichtete, nachdem seine Ehe auseinandergegangen war.

Genauso wie Freundschaft nicht mit einem „Klick" entsteht, bleibt sie nicht, wenn man sie im Stand-by-Modus vor sich hinlaufen lässt.

Freundschaft will, wie jede Beziehung, gepflegt werden, das heißt, es gilt, sich nicht nur bei Scheidung oder zu Geburtstagen zu melden, sondern mitten aus dem eigenen Leben beständig den Kontakt zu halten – beider Bedürfnisse angemessen. Nur dann kann Freundschaft gelingen und beständig bleiben.

„Wir sind beide ziemlich eingespannt", sagte eine Unternehmensberaterin. „Ich durch meinen Beruf, meine Freundin durch ihre Familie. Aber wir sorgen beide dafür, dass wir zumindest regelmäßig telefonieren."

„Manchmal ist es auch nur eine kurze E-Mail oder SMS", sagte ein Berater, „es muss nicht viel sein, um die Verbindung zu halten – wenn die Freundschaft stimmt. Aber dieses Wenige ist schon wichtig. Es gab eine Zeit, in der ich dies nicht erkannt habe, in der ich nicht erkannt habe, dass auch die beste Freundschaft am Leben gehalten werden will."

Doch um Freundschaft zu pflegen, reicht es nicht aus, in regelmäßigen Abständen ein Lebenszeichen von sich zu geben, sondern es heißt gleichzeitig, für den Erhalt des Grundgerüstes zu sorgen, in dem Freundschaft lebt. „Freundschaft ist wie guter Wein", sagte ein Referent, „der muss gut gelagert sein, damit er nicht korkt."

Das heißt, auch in der Freundschaft muss für bestimmte Bedingungen gesorgt werden, damit sie sich entfalten kann.

Wert und Identität

Neben ihrem Grundwesen besitzt jede Freundschaft ein eigenes Wesen, abhängig von dem Wesen der beiden, die diese Freundschaft leben, abhängig davon, wie die beiden sie leben. Dies bestimmt den individuellen Wert der Freundschaft.

Wenn Sie Ihre Freundschaften betrachten – können Sie diese in ihrem besonderen Wesen beschreiben? Was macht Ihre einzelnen Freundschaften aus?

„Mit der einen Freundin gehe ich feiern, mit der anderen rede ich", sagte eine Studentin. „Aber auf beide kann ich zählen."

„Jede meiner Freundschaften ist verschieden", sagte eine Zahnärztin. „In der einen sind gemeinsame Interessen die Grundlage und in der anderen vielmehr unser Wertesystem."

„Allein schon der Umgang und die Themen, die ich in meinen Freundschaften bespreche, unterscheiden sich."

Sich seiner eigenen Werte für eine Freundschaft und sich des Wesens seiner Freundschaft bewusst zu sein, hilft nicht nur, den Wert der Freundschaft zu erkennen, sondern verhilft auch zu einem ganz anderen Selbstverständnis bei der Pflege. Gleichzeitig hilft es, zwischen Freundschaft und Bekanntschaft zu unterscheiden und Enttäuschungen vorzubeugen.

„Meist wird einem erst im Nachhinein bewusst, was man an dem anderen hatte", sagte ein Berater. „Vieles hat man viel zu selbstverständlich hingenommen. Das bereue ich."

„Rückblickend betrachtet", sagte eine Assistentin, „verfügte dieser Kontakt eigentlich nie über ausreichend Wert für eine wirkliche Freundschaft. Es wäre gut gewesen, wenn ich dies eher gesehen hätte."

„Erst als ich mich einmal genau gefragt habe, was eigentlich meine Werte sind und welchen Wert ich in dieser sogenannten Freundschaft vorfinde", sagte eine Anwältin, „habe ich gesehen, dass dies überhaupt nicht zusammenpasste."

„Freundschaften sind genauso wertvoll wie die Werte der beiden, die sie leben", sagte ein Manager. „Für mich war es wichtig, mir dies bewusst zu machen."

Dialog und Vertrauen

Viele Freundschaften scheitern, weil die Betroffenen nicht in der Lage sind, kritische Punkte anzusprechen und auszutragen. Freundschaft kann nur dann bleiben, wenn von allen Seiten die beständige Bereitschaft zum Dialog gegeben ist. „Für mich ist eine Freundschaft erst dann eine wirkliche Freundschaft, wenn ich das Vertrauen haben kann, dass wir beide bereit sind, Konflikte auch durchzustehen", sagte eine Lehrerin. „Aber ich glaube, dies macht am Ende wirkliche Freundschaft überhaupt erst aus. Unerschütterlichkeit."

„Die Fähigkeit, sich immer offen und ehrlich das sagen zu können, was man denkt und fühlt", sagte eine Beraterin. „Vor allem: rechtzeitig! Das ist die Grundlage für eine Freundschaft. Ich musste dies erst lernen und habe einige Freundschaften dadurch verloren, weil ich es lange Zeit nicht konnte."

Doch nicht nur der äußere Dialog ist die Grundlage für Freundschaft, sondern auch die Fähigkeit aller, mit sich selbst im Dialog zu sein. Nur so kann eine Ausgewogenheit zwischen dem Ich und dem Du gewährleistet werden, während ein Ungleichgewicht in dieser Hinsicht viele Freundschaften scheitern lässt.

> ***Freundschaft ist keine Einbahnstraße.***

Freundschaft ist keine Einbahnstraße. Sie ist weder nur Ich noch nur Du. Freundschaft heißt Ich und Du, damit ein Wir entstehen – und auch bleiben kann.

„Für meine Freundin hieß Freundschaft vor allem erst einmal ‚ich'", sagte eine Beraterin, „und ich bin dazu da, dass es diesem Ich gut geht."

„Erst jetzt erkenne ich", sagte eine Referentin, „dass ich viel zu viel geschluckt habe, anstatt auch mal ‚ich' zu sagen. Das habe ich am Ende meiner Freundin vorgeworfen."

„Ich habe mich einfach nicht getraut, meine Bedürfnisse anzusprechen. Ich hatte Angst, dass die Freundschaft das nicht aushält", sagte eine Studentin.

„Freundschaft setzt realistische Erwartungen voraus", sagte eine Anwältin. „Erwartungen, die die andere auch erfüllen kann. Meine Erwartungen konnte keiner erfüllen und rückblickend betrachtet kann ich dies verstehen. Es waren die Erwartungen eines verwöhnten Kindes, das sich nur um sich selbst dreht und dies auch von der Welt erwartet."

„Ich glaube", sagte eine Studentin, „Freundschaften halten deswegen länger als viele Partnerschaften, weil man keine Besitzansprüche stellt. Freundschaft ist freier und selbstverständlicher. Es ist selbstverständlich, dass man für den anderen da ist."

Toleranz und Verzeihen

„Wissen Sie, was Freundschaft für mich voraussetzt?", fragte eine Beraterin. „Toleranz, den Willen, nach vorne zu schauen und gemeinsam weiterzugehen."

„Erst seitdem ich auch meine Schwächen sehe, habe ich Verständnis für die Schwächen meines Freundes. Und wissen Sie was? Ich habe mich über das am meisten aufgeregt, was ich selbst nicht hingekriegt habe", sagte ein Student.

„Was für mich auch eine Grundvoraussetzung für Freundschaft ist?", fragte eine Personalleiterin. „Zu verzeihen. Das konnte ich lange Zeit nicht. Ich konnte meiner besten Freundin nicht verzeihen, dass Sie damals nicht für mich da war. Und darüber habe ich sie verloren."

„Ich wünschte, ich hätte mich entschuldigen können", sagte eine Lehrerin, „aber ich war einfach zu stolz."

„Freundschaft ist also genauso stark, wie man es selbst ist?", fragte ein Student.

Ja. Und so stark wie der andere.

Ein Leben lang?

Freundschaften verändern sich genauso, wie sich Menschen verändern. Die Qualität einer Freundschaft zeigt sich auch darin, dass sie in der Lage ist, Veränderungen mitzutragen. Dies kann sie umso mehr, je wesentlicher ihre Verbindung ist, und sie kann es nur, wenn beide im beständigen Dialog bleiben.

Das stärkste Band der Freundschaft ist Wesensverbundenheit und das schwächste gemeinsame Lebenssituationen.

So kann Freundschaft ein Lebensmoment sein oder ein Leben lang halten. Aber auch das stärkste Band kann reißen, wenn es nicht in seinem Wert erkannt und gepflegt wird. Dies bedeutet die konsequente Aufrechterhaltung der oben genannten notwendigen Bedingungen, in der Anerkennung, dass jede Freundschaft immer auch gestaltende Arbeit ist. Arbeit jedoch, die sich lohnt.

„Wenn ich meine Freunde nicht gehabt hätte", sagte eine erschöpfte Personalberaterin, „dann hätte ich diese Situation so nicht überstanden."

„Ich werde dieses Gefühl nie vergessen", sagte ein Manager, „dieses Gefühl der unerschütterlichen Loyalität meines besten Freundes, als alles gegen mich zu sprechen schien."

„Es waren meine Freunde, die mir den Glauben an mich selbst zurückgaben."

„Es war meine Freundin, die neben mir saß, als ich meine Diagnose bekam."

„Es ist mein Freund, der mich daran erinnert, was Leben ist, gerade in den Momenten, in denen ich es zu vergessen drohe."

„Heute erhielt ich eine Karte von meiner besten Freundin. Vor 40 Jahren sind wir gemeinsam eingeschult worden", sagte eine Ärztin.

„Ich habe beschlossen, wieder Kontakt zu meiner Freundin aufzunehmen", sagte die Personalleiterin, „und wissen Sie was? Wir werden uns nächste Woche treffen."

„Ich habe mich entschieden, über meinen Schatten zu springen", sagte die Lehrerin. „Freundschaften sind zu wertvoll, als dass man sich Stolz leisten könnte."

Freundschaft

Ob man allein durch das Leben gehen kann? Möglicherweise. Aber möchten Sie das?

Leben wird umso reicher, je mehr Begegnung stattfindet, und umso erfüllter, je tiefer die Begegnung ist.

Wo stehen Sie in diesem Bereich? Stehen Sie dort, wo Sie stehen wollen? Wenn dies nicht der Fall ist – was hindert Sie daran?

Haben Sie in den letzten Jahren Ihre Freundschaften eher sich selbst überlassen oder sind es möglicherweise innere Realitäten, die für Sie Freundschaften erschweren?

Finden Sie heraus, was für Sie Freundschaft bedeutet, und überlegen Sie, wie Sie diesen Bereich gestalten wollen.

Denken Sie dabei daran, dass Freundschaft nur dann wertvoll sein kann, wenn Sie wesentlich genug ist, um einen Wert zu besitzen.

Genauso, wie Freundschaft Kraft spenden kann, kann scheinbare Freundschaft Kraft rauben und genauso können unwesentliche Kontakte erschöpfen. Überprüfen Sie vor diesem Hintergrund, wo dies möglicherweise bei Ihnen der Fall ist und was Sie tun können, um dies zu verändern. Zu einem gesunden Leben gehören gesunde soziale Beziehungen und gesunde Freundschaften. Alles andere raubt unnötig Energie.

Unabhängig davon, wie viele oder wie wenige Kontakte Sie haben – sorgen Sie vor diesem Hintergrund dafür, dass die Beziehungen, die Sie haben, wesentlich werden und durch konsequente Pflege wesentlich bleiben. Und vergessen Sie nicht, egal, wo Sie im Leben stehen und wer Sie im Leben sind: Ein Freund ist mehr wert als ein halbes Königreich.

Vierter Lebensbereich: Individualität und Hobbys

„Sie können nur ein erfülltes und erfolgreiches Leben führen, wenn Sie eine erfüllte Beziehung mit sich selbst führen."

Leben ist nicht nur Arbeit. Leben ist auch Freiheit, Freude, sich entfalten und zum Ausdruck bringen – auf allen Ebenen, die für das eigene Wesen wesentlich sind. Für ein erfülltes Leben gilt es nicht nur, seine berufliche und familiäre Seite zum Ausdruck zu bringen, sondern auch seine ureigene.

„Hobbys? erzählen Sie das mal meiner Frau, dann wäre unsere Ehe ganz vorbei, wenn ich auch noch damit ankommen würde, Zeit für mich haben zu wollen“, sagte ein beruflich stark eingebundener Geschäftsführer.

„Hobbys?“, fragte eine Anwältin und Mutter. „Das kann ich mir nicht leisten.“

„Ich bin abends meist so erschöpft, dass ich mich nicht mehr aufraffen kann, noch irgendwas für mich zu tun.“

„Individualität? Was heißt das genau?“, fragte ein Ingenieur.

Individualität heißt, auf seine Kosten zu kommen

Wenn ich in meinen Seminaren den Teilnehmern empfehle, mindestens alle zwei Tage auf die eigenen Kosten zu kommen (leider nicht in der Überzeugung, dass dies ausreichend ist, sondern in der Anerkennung dessen, was mir begegnet), so kommt häufig die Antwort: „Ich komme ja noch nicht mal am Wochenende wirklich auf meine Kosten.“ „Was leben Sie für ein Leben, wenn Sie noch nicht einmal am Wochenende auf Ihre Kosten kommen?“, frage ich dann manchmal.

„Zehn Dinge sollen wir aufschreiben, durch die wir auf unsere Kosten kommen?“, fragte ein Student.

„So viel?“, fragte eine andere Studentin. „Warum das denn?“

Auf die eigenen Kosten zu kommen ist eine zentrale Grundlage für ein langfristig gesundes und erfülltes Leben. Wer nicht auf sein „Energiekonto“ einzahlt, der zahlt irgendwann mit seinem Leben.

So sehr Leben zwischenmenschliche Begegnung ist, so sehr ist Leben auch Begegnung mit sich selbst. Leben heißt nicht nur soziale Beziehung, sondern gleichermaßen auch Individualität. Eine zentrale Voraussetzung für ein erfülltes Leben und gelingende Beziehungen ist daher die Fähigkeit, allein sein zu können. Und die Notwendigkeit, immer wieder auch allein zu sein.

Jeder Mensch braucht einen eigenen Bereich, in dem nur er sich leben und seinem Wesen Ausdruck verleihen kann. Einen Bereich, in dem er auftanken, zur Ruhe und zu sich kommen kann. Beziehung kann nur dann gelingen, wenn genügend individueller Raum vorhanden ist und gelebt wird, aus dem heraus dann wieder das gemeinsame Leben individuell und kreativ gestaltet werden kann.

Eine zentrale Voraussetzung für ein erfülltes Leben und gelingende Beziehungen ist die Fähigkeit, allein sein zu können. Und die Notwendigkeit, immer wieder auch allein zu sein.

Diejenigen, die sich in ihrem Leben erschöpft haben, hatten diesen Bereich entweder verloren oder nie besessen.

Viele waren so weit von sich selbst entfernt, dass sie mit sich gar nichts anzufangen wussten, andere hatten diesen Bereich für andere Lebensbereiche „geopfert" – zum Nachteil aller Beteiligten, wie sich am Ende herausstellte, und dann gab es einige, die sogar Schwierigkeiten damit hatten, einen eigenen Raum nur für sich zu haben. „Wahrscheinlich lag es daran, dass mir gerade in diesen Momenten bewusst wurde, wie weit weg ich von mir war", sagte eine Anwältin.

„Wenn es dann tatsächlich einmal eine Zeit gab, in der ich nichts zu tun hatte", sagte ein Wirtschaftsprüfer, „dann sah ich mich plötzlich einer inneren Leere gegenüber, die wirklich unangenehm war."

„Es ist gar nicht so leicht, etwas mit sich anzufangen", sagte ein Student.

So sehr die Menschen auf der einen Seite nach „mehr Zeit für sich" rufen und dabei stöhnen, sie hätten nicht genügend davon, so wenig gelingt es ihnen häufig, diese – wenn sie denn da ist – auch für sich zu nutzen. Haben Sie sich einmal gefragt, warum der Bereich Individualität häufig so „unbemerkt" verschwindet und aufgegeben wird?

Wie kein anderer spiegelt der Bereich Individualität unerbittlich und unverzüglich wider, wenn die eigene Identität fehlt. Ohne eigene Identität gibt es auch keine Individualität, sondern Leere oder nachahmende (Über-)Fülle. In keinem anderen Bereich wird es so eindeutig sichtbar, wenn man selbst „fehlt". In keinem anderen Bereich ist der fehlende innere Dialog und die damit verbundene innere Stummheit so laut hörbar. So laut, dass es für viele unerträglich ist und dazu führt, dass sie diesen Bereich entweder ganz meiden – und im Außen dafür die verschiedensten Erklärungen und Rechtfertigungen finden – oder aber in das verfallen, was mittlerweile allgemein als „Freizeitstress" betitelt wird. In der inneren Not des eigenen Fehlens meinend, etwas für sich tun zu müssen, stürzen sich viele in der Sprachlosigkeit sich selbst gegenüber in den übervollen wie häufig sinnentleerten Markt, absolvieren Programme und Kurse – und suchen vergeblich in der Allgemeinheit ihre Individualität.

Man orientiert sich daran, was „man gerade so macht, um eine gute ‚Work-Life-Balance' zu haben", anstatt an dem, was man selbst eigentlich brauchen würde und wer man selbst eigentlich ist.

Und so wird auch dieser Bereich häufig zu einer reaktiven und weiteren durchgeplanten Funktionseinheit.

Man macht Fitness, Yoga, tanzt oder läuft, man atmet gemeinsam ein und wieder aus, aber kommt man da wirklich auf seine Kosten?

Man ist Mitglied in den besten Klubs und hat vielleicht auch einen Personal-Trainer. Aber ist es das, was man wirklich für sich braucht?

Oder jagt man auch bereits bei seinen Hobbys einer Vorstellung von sich selbst hinterher?

Was kann Individualität heißen?

Individualität heißt nichts anderes, als sich um sich und die eigenen wesentlichen Bedürfnisse zu kümmern und diese zu leben.

> ***Allein sein heißt, allein mit sich im Dialog zu sein. Einsam sein heißt, den Dialog zu sich verloren zu haben.***

Es heißt, sich Zeit und Raum nur für sich zu nehmen. Zeit und Raum für die bewusste Konzentration auf den inneren Dialog, um auf dieser Basis dann zu einem eigenen Selbstausdruck zu finden. Der Bereich der Individualität ist die bewusste Pflege des eigenen Ichs – und, wenn Sie so wollen, auch seine Weiterentwicklung. Es heißt nicht, blinde Aktivitäten zu starten oder irgendwelche Programme abzuspulen. Es heißt aufzutanken, zur Ruhe und zu sich zu kommen. Sich in sich zu orten und zu ordnen, um im Leben seine Ortung und seinen eigenen Ausdruck nicht zu verlieren, sondern ihm beständig gestaltende Kraft und Kreativität verleihen zu können.

Sich Zeit für sich nehmen und allein sein

So einfach sich dies auf den ersten Blick liest, so erscheint doch gerade diese Einfachheit für viele als die größte Schwierigkeit: Mit sich, ohne Ablenkung allein zu sein, seinen Bedürfnissen und sich selbst Ausdruck verleihen. „Mir fällt immer ganz schnell die Decke auf dem Kopf," sagte ein Sekretärin „wenn ich nicht genau weiß, was ich als nächstes machen werde."

So bedeutet für viele der Bereich der Individualität zunächst einmal zu lernen, mit sich allein zu sein, ohne dabei einsam zu sein. Wer nicht allein sein kann, der kann auch nicht zu zweit sein, wer nichts mit sich anzufangen weiß, weiß auch nichts mit anderen anzufangen – und mit seinem Leben schon gar nicht. Vor diesem Hintergrund heißt dieser Bereich im ersten Schritt zunächst nichts anderes, als sich einfach konsequent Zeit und Raum nur für sich zu nehmen, ohne sofort wissen zu müssen, wie dieser zu füllen ist, sondern um überhaupt erst einmal wieder mit sich in den Dialog zu kommen und sich aus seiner Einsamkeit und Sprachlosigkeit sich selbst gegenüber zu befreien.

„Zu Beginn ging es erst einmal darum, dass ich lernte, allein zu sein. Ich habe mir bewusst Zeit nur für mich genommen. Und dann habe ich begonnen, einfach erst einmal wahrzunehmen, was meine Bedürfnisse sind", sagte ein Geschäftsführer, der in seinem durchgetakteten Leben immer mehr den Bezug zu sich selbst verloren hatte.

„In diesem Bereich ist es ja schon schwer, nicht auch unter Leistungsdruck zu kommen", sagte eine Frau. „Ich war sofort dabei zu überlegen, welches Hobby ich denn nun machen könnte, anstatt auf das zu hören, wozu ich einfach Lust hatte."

„Für mich war es zu Beginn gar nicht so leicht, mir Zeit für mich zu nehmen, ohne diese vorher schon durchgeplant zu haben", sagte ein Berater. „Dieses ‚Nicht-genau-Wissen', was ich in meiner freien Zeit machen würde. Dieses ‚In-sich-hineinhören', um dann zu entscheiden. Aber ehrlich gesagt, hat mich genau dies am Ende runter – und zu meinem Hobby gebracht."

Erst wenn es Ihnen gelingt, mit sich allein zu sein, erst wenn Sie den Dialog zu sich aufgenommen haben, haben Sie im nächsten Schritt die echte Chance herauszufinden, was Ihre tatsächlichen Bedürfnisse sind und was es eigentlich heißt, auf die eigenen Kosten zu kommen. Und zwar in diesem speziellen Bereich wie auch grundsätzlich im Leben.

„Es ist eigentlich, als würde man noch einmal neu lernen, etwas mit sich anzufangen", sagte eine sich selbst als „von vorne bis hinten durchgetaktet" bezeichnende Anwältin. „Alles andere ist dann ein Selbstläufer."

Lebensenergie entsteht nicht, wenn wir Leben konsumieren – es gilt, Leben zu gestalten

Wissen Sie, was Menschen antworten, wenn man sie fragt, was es für sie heißt, auf die eigenen Kosten zu kommen?

„Essen, schlafen, feiern, kiffen", sagte ein Student. „Vergiss den Sex nicht", sagte ein anderer und alle lachten.

„Fernsehen und mein Freund", sagte eine Studentin.

„Das Einzige, was ich wirklich nur für mich mache", sagte eine Unternehmensberaterin, „ist, einmal in der Woche zum Friseur zu gehen."

„Massage und Kosmetik", sagte eine Anwältin.

„Eine Tasse Kaffee und ein Schokoriegel nach der Arbeit", sagte eine Assistentin.

„Aber was kann man denn sonst noch machen?", fragte mich eine Unternehmensberaterin erstaunt. „Mir fällt nichts anderes ein."

Was würden Sie auf diese Frage antworten?

Was heißt es für Sie, auf Ihre Kosten zu kommen?

Je ferner ein Mensch sich selbst ist, je weniger er mit sich im Dialog steht, umso schwerer wird es für ihn sein, diese Frage zu beantworten. Wenn er eine Antwort findet, dann ist es meist eine Antwort, die im Konsumieren liegt: „Ich komme auf meine Kosten, wenn ich mir etwas oder jemanden („Gutes") zuführe."

„Aber was ist daran schlecht, wenn man sich etwas Gutes gönnt?", fragte ein Geschäftsführer.

„Was ist falsch daran, wenn ich bei meiner Familie auftanke?", fragte ein Berater.

Wenn dieses „Gute" für Sie wesentlich und keine Betäubung und Kompensation eines „falschen Lebens" ist, ist dies eine wichtige Voraussetzung, sich nicht zu erschöpfen. Für ein wesentliches Leben und den Erhalt von Lebenskraft ist dies jedoch nicht ausreichend.

Wodurch entstehen Energie und Lebenskraft?

Viele denken, auf die eigenen Kosten zu kommen und „Energie" auf das eigene Konto einzuzahlen, hieße, sich etwas zuzuführen. Dies ist falsch. Leben ist nicht nur ein Sich-Zuführen, sondern gleichzeitig auch ein Gestalten. Leben und Lebenskraft entstehen weder in Einbahnstraßen noch kann es sich in Einbahnstraßen halten. Es verpufft – in jedem Bereich und auf jeder Ebene.

Einmal unabhängig davon, dass jede Beziehung scheitern wird, wenn man sich einen Menschen zuführt, jeder noch so volle Tank irgendwann leer ist, wenn immer nur verbraucht wird, dass Beziehung Begegnung und Begegnung kein Tanken ist, so ist das Tankprinzip an sich ein Fass ohne Boden. Es kann Leben nicht speichern, sondern es lässt Leben auslaufen. Lebenskraft und Energie können nur durch das Prinzip des Dialoges immer wieder neu entstehen, durch ein In-sich-Aufnehmen und ein Aus-sich-heraus-Gestalten.

Einigen ist bewusst, dass die meiste Energie gerade in Entstehungsprozessen enthalten ist. Sie spüren, was für eine hohe Lebenskraft freigesetzt wird, wenn aus sich selbst heraus etwas geschaffen wird. Die meisten müssen jedoch so viel Unwesentliches Tag für Tag abarbeiten, dass sie jegliche zusätzliche Aktion als energieraubend missverstehen und sich deswegen meist nur noch irgendetwas zuführen können, von dem sie hoffen, dass es sie erfüllt. Sowohl im Bereich der Individualität als auch grundsätzlich in ihrem Leben.

Lebenskraft und Energie können nur durch das Prinzip des Dialoges immer wieder neu entstehen, durch ein In-sich-Aufnehmen und ein Aus-sich-heraus-Gestalten.

Dies führt jedoch nicht zum Erfolg oder dieser ist nur von kurzer Dauer, mit der weiteren Konsequenz einer wachsenden Unzufriedenheit und Unerfülltheit.

„Egal, was ich tat", sagte eine Geschäftsführerin, „ gutes Essen, Wellness-Wochenenden, Affären – nichts hielt lange an. Kurze Zeit später war alles wieder auf demselben Stand."

„Ich hätte nicht gedacht", sagte eine Managerin, „dass man sich auch an der eigenen Trägheit erschöpfen kann."

Auf die eigenen Kosten zu kommen heißt also, Wesentliches aufzunehmen, Wesentliches zu geben und Wesentliches zu erschaffen, dem eigenen Wesen und der eigenen Identität entsprechend. Dadurch entsteht Energie und Lebenskraft. Sie liegt in der Erfahrung von eigener Wirksamkeit und Selbstausdruck sowie im Dialog zwischen dem Erschaffenden und dem Erschafften.

„Nun verstehe ich, warum einige so erfolgreich sind und so viel aufbauen können", sagte ein Wirtschaftsprüfer. „Sie arbeiten nicht ab, sondern sie erschaffen."

„Dann ist dies der Grund, warum einige so viel wegschaffen können", sagte eine Anwältin. „Nicht die Menge erschöpft, sondern das Unwesentliche."

„Auf eigene Kosten zu kommen heißt am Ende also nichts anderes, als sich einfach zu leben?!", fragte ein Student.

Ja, das heißt es. Und zwar in allen Lebensbereichen – in wechselnder Intensität.

Auf die eigenen Kosten kommen

Für manche Menschen ist der Tag und das Leben zu kurz, um all das leben zu können, was sie in sich spüren. Für andere ist es schwer, überhaupt etwas zu finden, was sie in diesem Bereich ausmacht. Haben Sie sich einmal gefragt, wo Sie stehen?

Haben Sie genügend wesentlichen Raum, nur für sich, in dem Sie auf Ihre Kosten kommen können? Wenn nicht, finden Sie heraus, wie dieser Raum aussehen könnte, und sorgen Sie dafür, dass Sie diesen einrichten und aufrechterhalten. Konsequent – im Sinne Ihrer Gesundheit, Ihrer Freiheit und im Sinne der Gesundheit und Freiheit Ihrer anderen Lebensbereiche.

Der Bereich Individualität heißt nichts anderes, als sich nur um sich zu kümmern

„Erst im Nachhinein erkenne ich, dass es ein Fehler war, dass wir nicht darauf geachtet haben, dass wir unseren eigenen Bereich lebten", sagte eine Ärztin. „ So haben wir letztlich nicht nur uns erschöpft, sondern auch die Beziehung." „Seitdem ich mir den Raum für mich nehme", sagte ein Wirtschaftsprüfer, „bin ich nicht nur allgemein entspannter, sondern beruflich auch viel konzentrierter."

Je weniger man für seinen individuellen Raum sorgt, desto mehr riskiert man, nicht nur in den anderen Lebensbereichen weniger Kraft investieren zu können. Man wird gleichzeitig versuchen, aus diesen Kraft zu ziehen, und diese dadurch unnötig belasten.

Denken Sie daran, dieser Bereich ist nicht der Raum für Großartigkeit oder der Raum, in dem irgendetwas gemacht werden muss, dies ist der Raum, der dafür sorgt, dass Sie in Ihrem Gleichgewicht bleiben können. Der Raum, der auch im Kleinen „zwischendurch" zu nutzen ist. Der Raum, den Sie brauchen, um sich immer wieder neu auszutarieren, den Sie brauchen, um persönliche Bestandsaufnahmen zu machen, es ist der Raum, in dem es nur um Sie geht, damit Sie sich zum Ausdruck bringen und für Sie wesentliche Seiten leben können, es ist der Raum Ihrer Selbstentfaltung. Machen Sie sich dies immer wieder bewusst, dann können Sie ihn auch gewinnbringend nutzen und „auf Ihr Konto einzahlen".

Wie dies im Einzelnen aussieht – das entscheiden Sie, je nachdem, was Ihnen in Ihren wesentlichen Bedürfnissen entspricht. Ob Musik, Kunst, Literatur, Sport – alles, was das Leben zu bieten hat – ob einfach nur Ruhe, sich in der Natur aufhalten, Spazierengehen, Fahrradfahren, über sich und sein Leben nachdenken – alles, was Sie brauchen, unabhängig davon, was andere sagen, meinen oder denken. Unabhängig davon, welche Wellness-Welle gerade über Sie hinwegrollt, unabhängig davon, was gerade das ultimative Angebot ist, unabhängig davon, was andere in diesem Bereich tun. Leben Sie einfach und ganz unaufgeregt das, was Sie brauchen und wonach Ihnen ist. Das Einzige, worauf Sie zu achten haben, ist, sich dabei wohlzufühlen und zu spüren, „dass Sie auf Ihre Kosten kommen", dass Sie auf Ihr Konto einzahlen.

Wissen Sie, woran Sie dies erkennen können?

„Ich erkenne es daran, dass ich mich im Gleichgewicht fühle", sagte eine Sekretärin.

„Wenn ich mich lebendig fühle", sagte ein Anwalt.

„Innere Zufriedenheit", sagte eine Personalleiterin.

Finden Sie Ihre persönlichen Anzeichen und gestalten Sie den Bereich der Individualität auf dieser Grundlage.

Wer sich in diesem Bereich wesentlich leben kann, der wird in den anderen Bereichen Wesentliches geben können

Doch für den Weg aus der Erschöpfung ist es nicht nur wichtig, dass Sie in dem Bereich der Individualität und Hobbys auf Ihre Kosten kommen, sondern in allen Lebensbereichen. Nutzen Sie den Lebensbereich der Individualität auch dafür, um regelmäßig persönliche Bestandsaufnahmen zu machen, was es für Sie in den einzelnen Lebensbreichen heißt, auf Ihre Kosten zu kommen und fragen Sie sich, ob Sie dies auch ausreichend tun.

Berücksichtigen Sie bei Ihren regelmäßigen Bestandsaufnahmen auch folgenden Punkt: Lebensenergie und Kraft gehen nicht nur dadurch verloren, weil man zu wenig auf seine Kosten kommt.

Viele verlieren nicht deswegen an Lebenskraft, weil sie nichts mit sich anzufangen wissen oder in Ihrem Leben zu wenig auf Ihr „Energie-Konto einzahlen", sondern weil sie an anderer Stelle in Ihrem Leben viel zu viel „draufzahlen". Auch dies gilt es für Sie zu überprüfen.

Mein Energiekonto

Erstellen Sie sich eine Liste, eine „Gewinn- und Verlustrechnung". Wo kommen Sie auf Ihre Kosten und worin bestehen bei Ihnen die meisten Verluste? Überprüfen Sie, wie und wodurch Sie Letztere so weit wie möglich reduzieren können, und überprüfen Sie dann bitte auf der Gewinnseite, inwieweit Konsumieren und Gestalten sich die Waage halten.

Denken Sie daran, der Bereich Individualität zieht sich durch Ihre gesamten Lebensbereiche. Versuchen Sie, ihn klug und wesentlich in Ihren Alltag zu integrieren – indem sie ihn nicht ausschließlich einmal an einem Abend in der Woche leben, sondern auch in kleinen Momenten mitten in Ihrem Leben. Dies macht am Ende echte „Work-Life-Balance" aus.

Fünfter Lebensbereich: Gesundheit

„Gesundheit kann nur erreicht werden, wenn Körper, Geist und Seele im eigenen Gleichgewicht und miteinander im Dialog stehen."

Mit sich und seinem Körper im Dialog zu sein, ist weit mehr als das Befolgen von irgendwelchen äußeren Richtlinien oder Handlungen. Das Problem ist nicht, dass wir nicht grundsätzlich wissen, was gut für unseren Körper ist. Das Problem ist, dass wir es nicht umsetzen. Insofern werde ich in diesem Kapitel darauf verzichten, irgendwelche Handlungsanweisungen zu geben, die Sie selbst schon längst kennen oder in den unzähligen Büchern über

Gesundheit nachlesen können, sondern ich werde an dieser Stelle nur versuchen, Ihnen einen entscheidenden Impuls zu vermitteln, um eine Grundlage für ein gesundes Leben sicherzustellen: Eine wesentliche Haltung zu Ihrem Körper zu finden und danach zu handeln.

Nur eine gesunde Seele verfügt über einen gesunden Körper

„Was ich mit Gesundheit verbinde? Körperleistung!"
„Woran ich merke, dass ich nicht gesund bin? Wenn das äußere Erscheinungsbild nicht stimmt!"
„Ich bin gesund, wenn ich keine Körpersymptome habe."

Haben Sie sich einmal gefragt, woran Sie erkennen, dass Sie gesund sind? Was Gesundheit überhaupt bedeutet?

Die meisten von uns besitzen kein wirkliches Wissen darüber, was körperliche Gesundheit eigentlich in letzter Konsequenz genau heißt. Viele fühlen sich so lange gesund, wie sie keine körperlichen Symptome aufweisen. „Ich bin so lange gesund, wie ich nicht krank bin", lautet ihre Einstellung. Doch die alleinige Abwesenheit von Krankheit macht Gesundheit nicht nur nicht aus, sondern führt auch nicht zu ihr. Nur wer über das Wissen verfügt, was körperliche Gesundheit unabhängig von Krankheit tatsächlich bedeutet, kann auch beständig gesund bleiben und optimal seine Leistungsmöglichkeiten ausschöpfen. Dabei gilt es nicht nur herauszufinden, was Gesundheit im allgemeinen Sinne, sondern was sie vor allem für einen persönlich bedeutet. Körperliche Gesundheit kann nur dann in letzter Konsequenz gelebt werden, wenn erkannt wird, dass diese niemals nur durch allgemeine Richtlinien aufrechterhalten werden kann, sondern dass dies immer auch eine individuelle Frage ist.

> ***Gesundheit bedeutet, einen gesunden Körper, eine gesunde Seele und einen gesunden Geist zu haben.***

Die meisten von uns definieren ihre Gesundheit nach wie vor über einen gesunden, leistungsfähigen Körper. Dabei bedeutet Gesundheit weitaus mehr als nur das: Gesundheit bedeutet, einen gesunden Körper, eine gesunde Seele und einen gesunden Geist zu haben.

Wer gesund sein will, der hat sich gleichermaßen um seinen Körper, seine Seele und seinen Geist zu kümmern – und auf allen drei Ebenen für wesentliche Bedingungen und ein Gleichgewicht zu sorgen.

Nach wie vor liegt der Fokus im Bereich Gesundheit jedoch hauptsächlich auf der körperlichen Gesundheit, der dafür entscheidende Grundsatz wird jedoch meist außen vor gelassen: Körper, Geist und Seele sind, solange wir leben, untrennbar miteinander verbunden. Das heißt: Wir können nur körperlich gesund sein, wenn wir auch seelisch gesund sind. In dem Lebensbereich Gesundheit mit sich im Dialog zu sein, heißt zuallererst einmal, diesen Grundsatz anzuerkennen und ihm Rechnung zu tragen.

Körper, Geist und Seele sind nicht voneinander zu trennen

„Ich kann nicht verstehen, warum ich mich so erschöpft habe, ich habe immer auf gesunde Ernährung und regelmäßigen Sport geachtet."

Es sind nicht immer falsche oder fehlende gesundheitliche Maßnahmen, die zu körperlicher Schwäche führen – im Gegenteil, sehr viele, die sich in ihrem Leben erschöpfen, sind „gesundheitsbewusste Sportler". Das Problem war nur, dass sie ihren Körper fernab dem Grundsatz der Seele gesehen und behandelt hatten. Obwohl vielen der psychosomatische Zusammenhang rational bewusst ist, unterschätzen sie die Auswirkungen der Untrennbarkeit von Körper und Seele und die Macht der Seele über den Körper. Egal, wie viel Sport wir treiben, egal, wie „gesundheitsbewusst" wir uns ernähren, wenn wir den Dialog zu uns selbst, unserem Umfeld und unserem Leben verlieren, dann zeigt sich dies früher oder später auch auf der körperlichen Ebene.

Viele versuchen dann, Löcher auf der falschen Ebene zu stopfen, indem sie durch einseitige körperliche Maßnahmen ihre Gesundheit zu retten und die seelische Krankheit zu kompensieren versuchen. Vergeblich. Wer körperlich gesund bleiben will, der muss auf den richtigen Ebenen klärend handeln und nicht auf der falschen kompensierend reagieren. „Am Ende tat ich nichts anderes, als meinen ganzen seelischen Müll im Fitnessstudio abzutrainieren. Ich hielt so eine Zeit lang das Gleichgewicht, aber nur eine gewisse Zeit, denn es war ein Fass ohne Boden", sagte eine erschöpfte Personalberaterin. „Erst jetzt merke ich, dass mit mir im Dialog zu sein für meine körperliche Kraft genauso wichtig ist wie regelmäßiges Laufen", sagte ein Geschäftsführer.

„Im Nachhinein kann ich sehen, dass mein ganzer Sport eher geschadet hat", sagte ein Unternehmensberater. „Ich habe meinen Körper geschunden, und zwar nicht in Anerkennung dessen, was für ihn gut ist, sondern weil meine Seele es brauchte, um dieses unerträgliche Leben, das ich führte, auszuhalten. Letztendlich machte ich alles schlimmer und das Loch, in das ich stürzte, war tiefer und es dauerte länger, wieder rauszukommen. Mein Training hatte mich auf der einen Seite zäh gemacht, aber diese Zähigkeit führte dazu, dass ich mich länger dem aussetzen konnte, was mir so geschadet hat, und so hatte ich mir am Ende nicht nur seelisch, sondern auch körperlich alle Kraftreserven genommen, Kraftreserven, die ich jetzt gut gebrauchen könnte." – Sie können Ihren Körper noch so sehr trimmen und trainieren: Wenn Ihre Seele im Sterben liegt, wird dies nicht ausreichen, um ihn gesund zu halten. Je gesünder unsere Seele jedoch ist, umso lebendiger und kraftvoller ist auch unser Körper. Denn nur so kann er das verbrauchen, was er selbst zum Leben braucht, anstatt zusätzlich durch uns verbraucht zu werden, weil wir innerlich am Sterben sind.

> ***Sie können Ihren Körper noch so sehr trimmen und trainieren – wenn Ihre Seele im Sterben liegt, wird dies nicht ausreichen, um ihn gesund zu halten.***

Den Körper als Sprachrohr missbrauchen

Es gilt, sich in seinem Körper zu fühlen, und es gilt, mit ihm zu fühlen – aber nicht durch ihn. Wir verleben unseren Körper dadurch, dass wir ihn munter Belastungen aussetzen, von denen wir gar nicht merken, dass es Belastungen sind. In der Überzeugung, dass er uns schon Bescheid sagen wird, wenn es zu viel wird, wird er als Mittel zum Zweck über seine Grenzen geschunden und Bedingungen ausgesetzt, denen kein Körper lange standhalten kann. Die Seele darf den Körper nicht als ihr Sprachrohr missbrauchen, um die Grenzen zu ziehen, die man selbst zu ziehen nicht bereit ist. „Erst als mein Körper es nicht mehr tat, habe ich gemerkt, wie sehr ich in meinem Leben nur noch funktioniert habe", sagte ein ausgebrannter Geschäftsführer.

„Erst als ich körperlich so kraftlos wurde, dass ich eines Morgens nicht mehr aus dem Bett aufstehen konnte, habe ich die Kraft gefunden, das zu tun, von dem ich seit Jahren wusste, dass es notwendig ist – mich von meinem Mann zu trennen", sagte eine Immobilienmaklerin.

Niemand ist uns näher als der eigene Körper. Unser Körper kann nicht gesund bleiben, wenn wir „krank" sind. Je mehr wir uns weigern, für wesentliche Bedingungen auf seelischer Ebene zu sorgen, umso kränker werden wir – auf allen Ebenen.

Je mehr wir in unserem Leben funktionieren, umso mehr muss unsere Seele auf die Lebensenergie des Körpers zurückgreifen, um nicht zu sterben.

Der Körper ist der Spiegel unserer Seele und je mehr diese krankt, umso mehr wird es auch unser Körper tun. Er wird es tun, weil die Seele beginnt, ihm seine Energie zu rauben, die ihr selbst aufgrund eines unwesentlichen Lebens fehlt. Je mehr wir in unserem Leben funktionieren, umso mehr muss unsere Seele auf die Lebensenergie des Körpers zurückgreifen, um nicht zu sterben.

Je nachdem, wie sehr sich der Betroffene in seinem Leben schindet, findet dies meist um die Lebensmitte herum statt, dann, wenn das Energiekonto, über das jeder verfügt, leer ist.

Den wenigsten ist dieser Prozess bewusst. Dabei ist genau hier der Grund für Vitalität oder Schwäche zu finden. Er erklärt, warum an sich noch junge Menschen plötzlich viel schneller als eigentlich notwendig zu altern beginnen. Warum Menschen mit Mitte 40 „schon alt und grau aussehen" – und warum, wenn für wesentliche Bedingungen gesorgt wird, von den Lebensjahren alte Menschen jung und dynamisch geblieben sind. Nichts zieht mehr Kraft und Lebensenergie, nichts lässt schneller altern als emotionale Belastungen, ungelöste Konflikte und ein unwesentliches Leben. Es ist also nicht das gelebte, sondern vielmehr das nicht gelebte, das verlebte Leben, das zu negativen Spuren und zu Vitalitätsverlust führt.

Je authentischer und identischer unser Leben, umso gesünder ist und bleibt unser Körper und kann ungestört seinen Aufgaben nachgehen. Wer sich also aus seiner körperlichen Erschöpfung befreien, wer körperlich vital bleiben will, der muss konsequent mit sich und seinem Umfeld im Dialog stehen und für ein wesentliches Leben sorgen.

Gesundheitsbewusst oder gesundheitsbemüht?

Immer mehr Menschen sind bemüht, gesund zu bleiben oder es wieder zu werden – und folgen willig oder unwillig den allgemeinen Regeln und Empfehlungen. Dabei zäumen sie jedoch, ohne es zu merken, das Pferd von hinten auf und wundern sich über den ausbleibenden oder nicht beständigen Erfolg, weil sie in all ihrem Tun einen entscheidenden Punkt übersehen: Jede an sich noch so richtige Handlungsweise bleibt wirkungslos, wenn das Fundament fehlt.

So wichtig die Voraussetzung ist, mit seiner Seele im Dialog zu stehen, seine wahre Identität zu finden und diese zu leben – alleine reicht sie nicht aus.

Die meisten, die sich in ihrem Leben erschöpfen und krank werden, tun dies nicht nur deswegen, weil sie sich auf der seelischen Ebene ein falsches Leben zugemutet haben, das sich auf den

Körper auswirkt, sondern auch, weil sie mit ihrem Körper nicht mehr wirklich im Dialog stehen. Sie hatten nicht nur die Beziehung zu sich und ihrem Umfeld, sondern auch zu ihrem Körper verloren.

„Aber ich lebe ein ganz gesundheitsbewusstes Leben", sagte ein Manager, „ich laufe regelmäßig um die Alster."

„Ich rauche nicht und trinke nicht", sagte ein anderer.

„Ich bin viel an der frischen Luft", sagte eine Lehrerin, „und das soll doch gut sein."

Alle drei litten unter einer ausgeprägten körperlichen Erschöpfungssymptomatik mit unterschiedlichen weiteren körperlichen Beschwerden.

Entscheidende Voraussetzung für körperliche Gesundheit ist nicht das, was Sie tun, sondern auf welcher Grundlage Sie es tun. Diejenigen, die sich erschöpfen, haben alles Mögliche für ihren Körper getan, ohne jedoch überhaupt eine Beziehung zu ihm zu haben. Sie sehen ihren Körper als reine Funktionseinheit an, den sie wie ein Auto mechanisch pflegen und behandeln. Doch Gesundheit entsteht weder durch ein mechanistisches Prinzip noch durch bloße Handlungen, Gesundheit entsteht über Begegnung im Dialog und ein daraus erwachsendes Bewusstsein und Selbstverständnis.

„Erst jetzt begreife ich", sagte eine Personalerin, „dass es nicht ausreicht, was ich mit meinem Körper mache. Die Frage ist, ob ich ihm dabei begegne, ob und vor allem wie. Die Einstellung zu meinem Körper ist der mächtigste Faktor für oder gegen meine Gesundheit."

Mit dem Körper in den Dialog treten heißt, den Körper zu bewohnen

So wie die Natur ihr Gleichgewicht besitzt, so besitzt auch der Körper das seine. Es ist das Gleichgewicht seines Wesens. Er wird, wie unsere Seele, krank, wenn seine wesentlichen Bedingungen nicht eingehalten werden. Erforderlich für körperliche Gesundheit ist, die wesentlichen Bedingungen des Körpers in einem beständigen

Dialog herauszufinden und für deren Einhaltung zu sorgen. Dabei findet der Dialog nicht über die äußere Betrachtung des Körpers, sondern in einem inneren Spüren statt. Wer nach äußeren Anzeichen und Maßstäben für körperliche Gesundheit sucht, läuft nicht nur Gefahr, Fassadengesundheit zu betreiben, sondern auch, Störungen nicht rechtzeitig zu bemerken.

Gesund sein kann nur, wer seinen Körper als das erkennt, was er ist

Mit seinem Körper in den Dialog treten kann jedoch nur der, der seinen Körper als das begreift, was er tatsächlich ist. Viele sehen in ihrem Körper entweder nur seine Funktion und schenken ihm, solange er funktioniert, keine Beachtung – oder sie versuchen, ihre eigene fehlende Identität in ihrem Körper zu finden und erklären ihn dadurch zum Dreh- und Angelpunkt ihres Lebens. In dem Maß, in dem sie sich selbst gegenüber gleichgültig sind, beginnen sie, sich im anderen Extrem um ihren Körper zu kümmern. Sei es durch übertriebenen Sport, spezielle Ernährung, ästhetische Bemühungen, Askese usw. „Rückblickend kann ich sagen, dass meine körperliche Fassade, je brüchiger ich mich innerlich fühlte, umso strahlender, glatter und vitaler sein musste. Was glauben Sie, was man dafür alles tun kann. Für alles gibt es Mittelchen, Übungen und Behandlungen – gesund bin ich dadurch nicht geblieben", sagte eine erschöpfte Unternehmensberaterin. Der „Gesundheitsmarkt" boomt wie nie zuvor – das entscheidende Fundament wird dabei jedoch nicht erwähnt: unseren Körper überhaupt erst einmal als das zu begreifen und wahrzunehmen, was er ist. Er ist weit mehr als unsere äußere Fassade. Er ist unser Zuhause. Er ist das Zuhause unserer Seele.

> ***Unser Körper ist das einzige lebenslange und einmalige Zuhause, das wir haben.***

Er ist das einzige lebenslange und einmalige Zuhause, das wir zur Verfügung gestellt bekommen haben, um leben zu können. Erst wenn wir dies nicht nur rational, sondern auch emotional begreifen, erst dann können wir alle weiteren notwendigen Maßnahmen einleiten, die dieses Zuhause gesund halten.

Wer einen gesunden Körper haben will, der muss ihn auch bewohnen

Ein Zuhause kann nur dann ein Zuhause sein, wenn man bereit ist, in ihm zu leben. Gleichzeitig kann es nur aufrechterhalten werden, wenn es bewohnt wird. Unbewohnte Häuser verfallen früher oder später.

Wer gesund sein will, der muss seinen Körper bewohnen. Wer in seinem Körper nicht wohnt, wird nicht mit ihm in den Dialog treten und seine wesentlichen Bedingungen nicht herausfinden können.

Er wird das tun, was viele, die sich erschöpft haben, taten – äußere Fassadenverschönerung betreiben, ohne zu bemerken, dass das Innen verkommt.

„Erst jetzt erkenne ich, dass es nicht so sehr um das Große, sondern vielmehr um das Einfache geht. Es ist ein vollkommen anderes Lebensgefühl, sich in seinem Körper zu Hause zu fühlen – ich bin automatisch mit ihm verbunden, achte selbstverständlich auf ihn. So, wie ich in meinem Haus merke, wenn der eine Raum kalt ist – dann schaue ich nach, was nicht stimmt. Ich kann ganz anders für meine Gesundheit sorgen."

„Es ist das erste Mal, dass ich das Gefühl habe, automatisch zu wissen, was mein Körper braucht. Es ist dann auch gar keine Frage mehr, wann ich eine Grenze ziehe. Ich kann dann nicht anders."

„Indem ich in meinem Körper wohne, bekomme ich automatisch mit, was ich tue und was ich nicht tue. Wer in seinem Körper wohnt, kann ihn nicht schinden, weil er dies im wahrsten Sinne des Wortes sofort „am eigenen Leibe" spürt. Erst jetzt begreife ich, dass ich nur so weit gehen konnte, wie ich gegangen bin, weil ich ausgezogen war."

Es ist nicht viel, was Gesundheit braucht, aber das wenige, das ist elementar. Nur wer in seinem Körper wohnt, ist auch mit ihm in Kontakt und dazu in der Lage, ihn in seinem Wesen und seinen Bedürfnissen zu begreifen. Darüber hinaus werden Sie jedoch auch noch etwas anderes spüren: Sie werden nicht nur um Ihren Körper wissen, sondern Sie werden feststellen, dass Ihr Körper Ihnen die Möglichkeit bietet, auch mit sich selbst im Dialog zu bleiben. Das ist sein Wesen, der Seele eine geborgene Heimat zu bieten, in der sie ihr Gleichgewicht halten kann. Gerade auch in seelisch und geistig angespannten Momenten werden Sie spüren, dass, solange Sie in Ihrem Köper wohnen, er Ihnen notwendige Struktur und Begrenzung gibt, damit Sie Ihr Gleichgewicht halten können. Fühlen Sie Ihren Körper, so fühlen auch Sie sich – bleiben Sie in Ihrem Körper, bleiben Sie bei sich, das ist das Prinzip des Dialoges. Vielleicht spüren Sie, dass es nicht darum geht, komplizierte Verhaltensweisen zu lernen, sondern um ganz einfache, zentrale menschliche Grundlagen, die jeder in sich trägt und die es einfach nur wiederzuentdecken gilt.

So sind es also viel weniger die großen Dinge, die es für die Gesundheit zu wissen gilt, sondern es ist unsere Grundeinstellung, die darüber entscheidet, ob wir Gesundheit selbstverständlich und erfolgreich leben oder nicht. Erst wenn wir dies begreifen, sind wir einen Schritt weiter und können den Körper als das nutzen, was er neben unserer Lebensheimat auch ist: Er ist der Spiegel unserer Seele und drückt mit jeder Pore aus, wer wir sind. Er ermöglicht uns, in Erscheinung zu treten. Durch ihn leben wir Beziehung. Unser Körper zeigt, ob wir der sind, der wir sind – und ob wir uns mit uns und der Welt im Dialog befinden. Durch ihn können wir das umsetzen, was wir wollen, leben und Leben schaffen.

Wie innere Realitäten zum Schinden des eigenen Körpers führen

Wenn Sie mit sich und Ihrem Körper im Dialog sind, dann werden Sie wissen, was er braucht, damit er Ihnen ein kraftvolles Zuhause bieten kann, und was Sie brauchen, um sich in ihm zu Hause zu fühlen. So einfach es sich auf der einen Seite anhört, sich in seinem Körper zu Hause zu fühlen und ihn zu bewohnen – so schwer fällt dies vielen. „Ich habe einfach keinen Bezug zu meinem Körper“, sagte eine Anwältin. „Ich kann ihn betrachten, aber nicht fühlen." „Ob ich in meinem Körper wohne?", fragte eine Unternehmensberaterin. „Ich kann mich doch gar nicht aushalten, wie soll ich da in mir wohnen? Das Ganze macht mich nervös und unruhig!" Es gibt zwei zentrale Aspekte, warum viele nicht dazu in der Lage sind, „in sich zu wohnen". Dies liegt auf der einen Seite daran, dass jemandem, der sich selbst gegenüber sprachlos ist, die Mittel fehlen, zu einem „Bewohner" seines Körpers zu werden. Wer seinen Körper bewohnen will, der muss auch „vorhanden sein", um dies tun zu können, das heißt, er muss mit sich im Dialog stehen und über eine eigene Identität verfügen. Wer sich selbst nicht fühlt, der kann meist auch seinen Körper nicht fühlen – ganz zu schweigen davon, ihn zu bewohnen. Ob und wie wir in unserem Körper wohnen und wie sehr wir uns in ihm zu Hause fühlen, wird jedoch noch durch einen anderen Aspekt bestimmt. Auch an dieser Stelle kommt der prägenden Beziehungserfahrung im Elternhaus eine entscheidende Rolle zu, denn in den ersten Momenten und Jahren unseres Lebens wird Beziehung durch körperliche Begegnung erfahren. Je nachdem, welche Nähe wir hier erfahren haben, werden wir uns in unserer Haut wohl- oder unwohl fühlen. Viele, die fern ihres Körpers sind, haben nicht oder nur kaum die Erfahrung gemacht, um ihrer selbst willen „geherzt" worden zu sein. „Es gab kaum Momente, in denen ich von meiner Mutter wirklich in den Arm genommen wurde", sagte eine ausgemergelte Personalerin. „Es war immer eine Distanz zu spüren", sagte eine Lehrerin, die sich redlich um ein regelmäßiges Sportprogramm bemühte, aber mit ihrem Körper „nicht viel anfangen konnte". „Meine Eltern und ich geben uns die Hand zur Begrüßung, oder was meinen Sie mit ‚Nähe'?", fragte ein Anwalt, der erst dann in die Beratung kam, nachdem er vor seinen Klienten aufgrund einer Kreislaufschwäche zusammengebrochen war.

Gelebte körperliche Nähe in den ersten Jahren ist entscheidend für die eigene körperliche Annahme.

Auch hier sei noch einmal betont, dass nicht die Quantität an Nähe zählt, sondern die Qualität. Viel hilft nicht viel, sondern schadet sogar, wenn es zu viel ist. Zu viel wird es meist dann, wenn die Eltern das Kind nicht um seiner selbst willen in den Arm nehmen, sondern um ihrer selbst willen, um so das Gefühl von eigener fehlender Geborgenheit und Nähe zu stillen. Dies findet meist unbewusst und oft dann statt, wenn die Eltern sich in der Beziehung untereinander einsam fühlen oder innere Realitäten der Ablehnung in sich tragen, die sie an ihrem Kind „nun wiedergutmachen wollen". „Ich bin geradezu erdrückt worden", sagte ein Manager. „Im Nachhinein kann ich sehen, wie einsam sich meine Mutter in der Beziehung zu meinem Vater fühlte."

Die Authentizität der Nähe ist Voraussetzung dafür, sich später selbst in seinem Körper annehmen zu können. Nähe aus Eigennutz ist immer schädlich. Gelebte äußere Umarmungen mit innerlicher Distanz und möglicherweise sogar Ablehnung führen zu tiefen Wunden, die sich häufig in einer späteren kalten Distanz dem eigenen Körper gegenüber äußern. Nur wer in einer Umarmung wirklich gemeint wurde, kann sich später auch selbst meinen.

Diejenigen, die sich in ihrem Leben erschöpfen, können dies nicht, weil sie eben solche ersten Prägungen in sich tragen, die dies verbieten.

Ablehnend oder vollkommen gleichgültig stehen sie ihrem Körper vor diesem Hintergrund gegenüber und beuten ihn grenzenlos und unerbittlich aus, ohne dies in irgendeiner Art und Weise zu bemerken und setzen ihn so Bedingungen aus, denen kein Körper langfristig standhalten kann.

In den eigenen Körper einziehen

Gesundheit bedeutet, endlich zu Hause zu sein – auch in seinem Körper. „Und was mache ich, wenn ich feststelle, dass ich noch gar nicht in meinem Körper wohne?", fragte eine Personalerin. Viele, die ausbrennen, haben den Kontakt zu ihrem Körper ganz verloren oder fühlen ihn nur durch Krankheitssymptome oder äußere

Beanspruchung, nach Belastung oder durch sportliche Aktivität. In diesem Fall gilt es, überhaupt erst einmal ein Bewusstsein für den Körper in seinem „Normalzustand" zu bekommen. In seinen Körper einzuziehen ist ein schrittweiser Prozess der Bewusstwerdung. Er beginnt damit, dass wir mit ihm Kontakt aufnehmen, beginnen, ihn zu erfühlen und darüber immer mehr in Beziehung zu treten. Dabei kann eine Übung helfen: Konzentrieren Sie sich im Laufe des Tages immer wieder bewusst auf Ihren Körper. Hören Sie in ihn hinein und stellen Sie fest, was Sie wahrnehmen.

Wenn Sie gehen, spüren Sie einfach ein paar Minuten lang bewusst nur den Boden unter Ihren Füßen. Beginnen Sie ihren Körper zu spüren, in all seinen Bereichen, im Einzelnen und im Gesamten. So, wie Sie vielleicht regelmäßig laufen oder andere Sportarten betreiben, gilt es nun, den Dialog zu Ihrem Körper aufzunehmen und ihn unermüdlich aufrechtzuerhalten, nicht, indem Sie ihn von außen betrachten oder zu erdenken versuchen, sondern indem Sie beginnen, ihn zu fühlen – und zwar über seine Funktion hinaus. Je mehr Sie dazu in der Lage sind, umso mehr werden Sie in Ihren Körper Einzug halten können.

Der Körper und innere Realitäten

Überprüfen Sie sich an dieser Stelle auch auf mögliche innere Realitäten, durch die Sie sich in Ihrem Körper „nicht zu Hause fühlen", die gar ein Einziehen und Einrichten verhindern.

Welche inneren Realitäten tragen Sie in Bezug auf Ihren Körper in sich?

Wie sehen Ihre (ersten) Erfahrungen von körperlicher Nähe aus? Existiert in Ihnen möglicherweise die innere Realität *Du darfst nicht fühlen*? Wer nicht fühlen darf, der muss über seine(n) Körper(symptome) fühlen.

Nur in einem eingerichteten Zuhause kann man sich wirklich zu Hause fühlen

Doch es gilt nicht nur, in seinen Körper einzuziehen. Es gilt, ihn auch zu bewohnen, und das heißt, sich in ihm einzurichten. Denn nur in einem eingerichteten Haus kann man sich wohl- und geborgen fühlen.

Sich einzurichten heißt, sich zunächst einmal umzuschauen, was für Rahmenbedingungen eigentlich in Ihrem „Haus“ herrschen: Welche Möglichkeiten und welche Begrenzungen liegen vor?

Wo liegen die Schwachstellen Ihres Körpers? Wo seine Stärken? Sorgen Sie in Anerkennung dessen für eine grundsätzliche Instandhaltung und darüber hinaus für eine „passende Einrichtung“. Verleihen Sie Ihrem Körper Ihre Gestalt – ohne ihn in seinem Wesen zu verleugnen. So, wie Sie Ihr Zuhause im Außen gestalten, Sie sich möglicherweise Blumen in Ihr Haus stellen, um eine schöne Atmosphäre zu schaffen, so gilt es herauszufinden, was dies, im übertragenen Sinn, auf der körperlichen Ebene bedeutet. Was brauchen Sie, um sich in ihm und mit ihm wohlzufühlen? Beginnen Sie zu gestalten und verleihen Sie Ihrem Körper Ihren wesentlichen Ausdruck – Ihren wesentlichen Ausdruck als Frau oder als Mann.

Der Herr oder die Frau im eigenen Haus bleiben

Jedes Haus verfällt, wenn es nicht bewohnt wird. Genauso wie jedes Haus einstürzen kann, wenn es verlebt wird. Wer körperlich gesund bleiben will, der muss zwischen Wohnen, Leben und Verleben unterscheiden.

Viele, die sich in ihrem Leben erschöpft haben, haben irgendwann aufgehört, „Herr oder Frau im eigenen Haus“ zu sein – oder sind es nie gewesen.

Wir brauchen den inneren Dialog und unsere wahre Identität nicht nur, um unseren Körper zu bewohnen und ihm nicht unnötig seine Lebensenergie zu rauben, sondern vor allem auch, um der Führer unseres Körpers zu bleiben und ihm „auf Augenhöhe begegnen“ zu können. Denn auch hier gilt im umgekehrten Sinne: Körper und Seele sind untrennbar miteinander verbunden.

Je geringer unsere wahre Identität, umso weniger werden wir auf der körperlichen Ebene die Zügel in der Hand halten können, wir werden unserem Körper gegenüber vielmehr die Augenhöhe verlieren und seinen Trieben ausgeliefert sein.

Je größer die innere Leere, je größer das emotionale Loch und die Belastungen, umso stärker die körperlichen Triebe, die wir als vermeintliche Rettung aus den vorhandenen Defiziten sehen.

Je weniger wir das eigene wesentliche Maß leben, umso mehr wird unser Körper das Maß verlieren und versuchen, die seelische Leere zu füllen.

Unseren inneren Realitäten und unserer körperlichen Veranlagung entsprechend werden wir fressen, saufen oder „durch die Betten toben“ – und nicht nur uns, sondern auch den Körper am Ende richtig verleben. Verleben, weil die vermeintliche Erfüllung so niemals langfristig erlangt werden kann, da es sich um „ein Fass ohne Boden“ handelt. Indem wir unserem Körper grenzenlos Bedingungen zumuten, die ihn nicht nur aus seinem Gleichgewicht bringen, sondern ihm auch schaden. „Je leerer mein Leben wurde, umso gieriger wurde ich“, sagte ein Steuerberater, „ich verlor beim Essen und Trinken jedes Maß.“

„Im Nachhinein kann ich sagen, dass die unerfüllte Situation in meiner Partnerschaft zu einem zunehmenden Durst führte“, sagte eine Lehrerin, „und mich irgendwann nach einem Glas Wein nicht mehr aufhören ließ.“ – „Je gefangener ich mich in meinem Leben fühlte, umso mehr brauchte ich dieses Gefühl des Lebens“, sagte ein Manager, der dies vergeblich in exzessiven „Feiern auf allen Ebenen mit allen möglichen Mitteln“ suchte und sich immer mehr auslaugte. Wir brauchen ein wesentliches Leben auf seelischer Ebene, um auf der körperlichen Ebene „die Zügel“ in der Hand zu halten. Je weniger wir dies tun und je unwesentlicher wir in diesem Bereich kompensieren, umso mehr wird unser Körper uns verleben und man wird es uns auch ansehen.

„Das heißt also Askese?“, fragte ein Manager, der „gutes Essen und guten Wein bevorzugte“. Nein, das heißt es nicht. Ein wesentliches Leben zeichnet sich nicht dadurch aus, dass Sie Ihre körperlichen Triebe unterdrücken, sondern es bedeutet, ihnen

Ihre Gestalt zu geben und sie kraftvoll zu leben. Viele unterliegen der falschen Annahme, dass dies „Langeweile" oder weniger Intensität bedeute – das Gegenteil ist der Fall. „Die Zügel in der Hand zu halten" heißt nicht zwangsläufig, an den Zügeln zu ziehen, sondern es heißt, durch sie eine bewusste Richtung und Konzentration vorzugeben und somit nicht nur die Kraft zusammenzuhalten, sondern sie auch auf einen Punkt ausrichten zu können. Diese Fokussierung bringt Tiefe und Intensität und darüber eine Potenzierung der vorhandenen Kraft. Sie setzt ein hohes Maß an Umsetzungs- und Lebenskraft frei und lässt uns die Kräfte unseres Körpers optimal nutzen, ohne ihn oder uns zu verbrennen.

Wenn Sie auf dem Weg zurück zu sich also feststellen, dass Sie in diesem Bereich die Zügel schleifen lassen haben, dann gilt es unbedingt herauszufinden, welche unerfüllten Sehnsüchte und Bedürfnisse Sie durch Ihren Körper zu kompensieren und vergeblich zu erfüllen versuchen. Finden Sie heraus, wonach Sie sich sehnen. Warum sorgen Sie nicht für eine echte Erfüllung? Was hindert Sie daran? Klären Sie dies, damit Sie die Zügel wieder aufnehmen und erfüllt leben können.

Die Konsequenz für ein gesundes Leben

Und was heißt dies nun auf dem Weg zu sich selbst? Welche hilfreiche Richtlinie könnten Sie daraus für sich und Ihre Gesundheit gewinnen?

Mein Vorschlag an Sie ist: Erkennen Sie Ihren Körper als das an, was er ist: Ihre Lebensgrundlage und Ihr Zuhause – nicht weniger, aber auch nicht mehr. Gemäß diesem Bild gilt es für Sie zu entscheiden, wie Sie dieses Haus zu pflegen haben, damit es nicht nach vier Jahrzenten anfängt zusammenzubrechen, sondern ein langes Leben lang hält. Das heißt:

Missbrauchen Sie ihn nicht als Mittel zum Zweck für Ihre fehlende Identität, sondern pflegen Sie ihn im Sinne eines lebensnotwendigen eigenen Zuhauses.

Finden Sie heraus, wo und warum Sie ihn als Ihr Sprachrohr missbrauchen, und sprechen Sie in Zukunft selbst an diesen Stellen das aus, was Sie wollen und was nicht. Sorgen Sie in Ihrem Leben für selbstbewusstes und mündiges Auftreten auf Augenhöhe, damit Ihr Körper gesund bleiben kann.

Halten Sie immer mehr Einzug in Ihren Körper und sorgen Sie für einen beständigen Dialog.

Fragen Sie ihn zwischendurch, „wie es ihm geht" – und fühlen Sie seine Antwort. Lernen Sie, seine Sprache zu verstehen und seine Symptome zu entschlüsseln. Entwickeln Sie Ihren Maßstab von eigener Gesundheit. Woran können Sie konkret erkennen, dass Ihr Körper im Gleichgewicht ist? Was sind die konkreten wesentlichen Bedingungen Ihres Körpers, die nötig sind, um gesund und leistungsfähig zu bleiben? Fragen Sie sich selbst immer wieder, ob Sie sich in Ihrem Körper zu Hause fühlen und wie sich dies für Sie anfühlt.

Finden Sie heraus, was die allgemein bekannte Grundregel „ausgewogene Ernährung, genügend Bewegung und ausreichend Schlaf/Erholung" für Sie und Ihren Körper im Einzelnen konkret bedeutet und setzen Sie dies tagtäglich um. Aber halten Sie sich nicht zu lange damit auf. Es gibt genügend Menschen, die den Weg zu sich nicht finden, weil Sie Ihren Körper wie die damit verbundenen Bedürfnisse wie Bewegung und Ernährung zum Kult gemacht haben. Vergessen Sie nicht, Sie können durch Ihren Körper wirken, aber tatsächlich etwas bewirken können Sie nur, wenn Sie ihm die Gestalt und Kraft Ihres Wesens verleihen. Einen Raum oder einen Saal können Sie nur füllen, wenn Sie Ihren Körper mit Ihrem Wesen ausfüllen – ohne dies bleibt er eine leere, bestenfalls ansehnliche Hülle, durch die „hindurchgesehen" wird.

Und vergessen Sie nie: Solange Sie leben haben Sie nur diesen einen Körper. Pflegen Sie ihn vor diesem Hintergrund und halten konsequent den Dialog. Konsequent und selbstverständlich. Ob es stürmt oder schneit oder die Sonne scheint.

Zu einem gesunden Körper gehört auch ein gesunder Geist

Stehen wir nicht mit uns und unserem Leben im Dialog, dann wirkt sich dies auch psychisch aus. Ein unwesentliches Leben schwächt nicht nur den Körper, sondern auch den Geist. Verlieren wir den Dialog zu uns und funktionieren in einem unwesentlichen Leben, so äußert sich dies auf der psychischen Seite häufig in einer Depression. Diese ist – wie ihr Name schon sagt – nichts anderes als ein Ausdruck für die Unterdrückung des eigenen Selbst und der eigenen wahren Identität, was der Betroffene „gesund" in Form von Niedergedrücktheit, Antriebslosigkeit, Kraftlosigkeit, Schwere und Leere wahrnimmt.

Auch wer psychisch gesund bleiben will, braucht den inneren und äußeren Dialog. Neben den depressiven Symptomen gibt es noch weitere psychische Anzeichen und Merkmale, die bei einem Dialogverlust auftreten und sich im Umkehrschluss immer auch auf den Körper und auf die Seele auswirken. An dieser Stelle möchte ich jedoch nur einen zentralen Punkt hervorheben:

Zur Gesundheit gehört ein ruhiger Geist. Wer hier im Dialog sein will, der muss nicht nur mit seinem Körper und seiner Seele im Dialog stehen, sondern auch mit seinem Geist. Es gilt, nicht nur in der Lage zu sein, seinen Körper zu lenken, sondern auch seine Gedanken. Auch hier gilt es, „die Zügel in der Hand zu halten".

> ***Zur Gesundheit gehört ein ruhiger Geist.***

Diejenigen, die ausbrennen, erschöpfen sich auch, weil sie ihren Gedanken kein Gegenüber bieten, sondern sich, meist unbemerkt, mit diesen identifizieren, wodurch sie sich „in alle Himmelsrichtungen" tragen lassen. In alle Himmelsrichtungen und vor allem auch in alle Tiefen. Wer ein leistungsstarkes Leben führen will, muss derjenige bleiben, der denkt – und sich nicht von seinen Gedanken denken lassen.

Dasselbe gilt auch für den Bereich der Emotionen. Nichts ist erschöpfender, als sich in Emotionen zu verlieren und zu diesen zu werden.

Gesundheit bedeutet, in allen Bereichen das Prinzip des Dialoges auf Augenhöhe zu leben und dementsprechend auch den Gedanken und Emotionen ein Gegenüber zu bieten und seine eigene Identität zu geben.

„Das heißt, man sollte die Gefühle und Gedanken unterdrücken, wenn sie zu stark sind?“, fragte eine Personalerin, die sich selbst als „Bauchmensch“ bezeichnete und sich in diesem Bauch erschöpft hatte.

Nein, das heißt es nicht. Wenn Sie das tun, wird es nur schlimmer. Ein Gegenüber zu bieten heißt nicht, zum Unterdrücker zu werden, sondern offen für den anderen, in diesem Fall für die eigenen Gefühle und Gedanken zu sein, diese aufzunehmen und ihnen dann eine Gestalt zu verleihen – und zwar Ihre. Auch hier gilt der oben beschriebene Umgang hinsichtlich der „körperlichen Triebkraft“. Es gilt in allen Bereichen, lenkend die Zügel in der Hand zu halten – auch Ihren Gedanken und Gefühlen gegenüber. Denken Sie und fühlen Sie, und zwar in aller Tiefe, aber bleiben Sie derjenige, der dies tut. Bestimmen Sie die Richtung. Lernen Sie, den Fokus zu behalten.

„Das ist ja unmenschlich, wer kann das schon?“, fragte ein Manager, der unter dem Symptom der Gedankenabbrüche und zunehmenden Konzentrationsschwierigkeiten litt.

„Das ist doch normal, dass man sich immer wieder verliert. Jeder lässt doch seine Gedanken schweifen und verliert sich in seinen Gefühlen“, sagte eine Immobilienmaklerin.

Der zu werden, der man ist, heißt, das eigene Leben zu gestalten. Und dies bedeutet immer auch, Herr bzw. Frau über das eigene Geschehen und sich selbst zu sein. Je mehr Sie dies sind, umso stärker werden Sie in Ihrem Leben sein. Wichtig jedoch ist, dass ich Ihnen nur einen Weg aufzeige. Sie entscheiden, ob und inwieweit Sie diesen gehen wollen, natürlich in dem Wissen, dass eine eigene Identität erarbeitet werden muss und nicht von selbst entsteht.

Seinen Gedanken und Gefühlen Herr bzw. Frau zu sein, ist nichts anderes als Übung, eine unermüdliche Übung, sich, wenn

Sie denken und fühlen, Ihrer selbst bewusst zu bleiben. Es ist eine Übung der Fokussierung, die so lange Übung bleibt, bis Sie zu einem Selbstverständnis geworden ist.

Wenn Sie diesen Bereich bei sich verändern und stärken wollen, so bieten unter anderem Yoga und Meditation eine Möglichkeit dazu.

Hier gibt es sehr viele meiner Ansicht nach sinnvolle Übungen, die helfen, sich zu fokussieren und sich auf den entscheidenden Ebenen zu stärken. Im Folgenden möchte ich Ihnen drei Übungen vorstellen, mit dem Hinweis, dass es sich um keine Meditationsanleitung handelt, sondern um einige erste, einfache Impulse, die helfen können, den inneren Fokus und die Konzentration zu stärken.

Nehmen Sie sich fünf bis zehn Minuten am Tag, in denen Sie sich mit geschlossenen Augen hinsetzen.

Übung 1

Tun Sie nichts anderes, als Ihre Gefühle und Gedanken zu betrachten, die in Ihnen aufsteigen. Halten Sie sie nicht fest, sondern lassen Sie diese an sich vorüberziehen.

Übung 2

Suchen Sie sich ein Wort, am besten eines ohne Bedeutung, und konzentrieren Sie sich nur auf dieses eine Wort, indem Sie es unermüdlich wiederholen. Gehen Sie keinen Gedanken oder Gefühlen nach, sondern bleiben Sie mit Ihrer Aufmerksamkeit bei diesem Wort.

Übung 3

Konzentrieren Sie sich nur auf Ihre Atmung. Folgen Sie bewusst Ihrem Einatmen und Ihrem Ausatmen. Fühlen Sie, wie Sie die Luft einatmen, fühlen Sie, wie die Luft Sie füllt, und fühlen Sie, wie sie Ihren Körper wieder verlässt. Sorgen Sie dabei bewusst für eine tiefe Atmung bis in den Bauch hinein.

Sechster Lebensbereich: Beruf

„Halten Sie durch, nur noch vier Tage bis zum Wochenende."

Die meiste Zeit unseres Tages verbringen wir mit unserem Beruf und an unserem Arbeitsplatz – wenn wir uns nicht für die Betreuung der eigenen Kinder und die Familie entschieden haben.

Wenn Menschen beginnen, sich in ihrem Leben zu erschöpfen, nimmt dies häufig seinen Ursprung durch ein Funktionieren in mindestens einem dieser beiden Bereiche.

„Am Ende", sagte ein Personaler, „habe ich die Dinge, die anstanden, nur noch abgearbeitet."

„Ob ich Lust habe auf das, was ich tue? Was bringt es, mir diese Frage zu stellen, das ist ja nun mal der Job, für den ich mich entschieden habe."

Während zu Beginn unseres Lebens der Beruf selbstverständlich mit Freiheit und Selbstentfaltungsmöglichkeiten verbunden ist, wird er, je älter wir werden, bei den meisten unbemerkt zur Pflichterfüllung. Eine Pflichterfüllung, um leben zu können und über die wir dann meist unser Leben verlieren.

„Morgens hin und abends zurück. Und in der Mitte hoffen, dass die Klienten nicht allzu anstrengend sind. So ist das nun mal", sagte ein Wirtschaftsprüfer.

„Ob ich mich freue, zur Arbeit zu gehen? Ich freue mich, wenn ich auf mein Konto gucke."

„Nur noch vier Tage bis zum Wochenende", erklingen regelmäßig Radiostimmen auf unterschiedlichsten Sendern am Montagmorgen, „halten Sie durch."

Mein Beruf

„Kann man eigentlich auch in seinem Beruf auf seine Kosten kommen?", fragte ein Student während eines Seminars und fügte dann hinzu: „Eigentlich ja, oder!?"

Was würden Sie auf diese Frage antworten? Würden Sie mild lächeln und

erwidern: „Das habe ich auch mal gedacht, als ich so alt war wie du", oder würden Sie antworten: „Ja, aber warum denn nicht?"
Wo stehen Sie in diesem Bereich? Welche Bedeutung hat Ihr Beruf für Sie? Freuen Sie sich, zur Arbeit zu gehen, oder zählen Sie auch am Montag die Tage bis zum Wochenende?

Befinden Sie sich noch im äußeren Dialog?

Haben Sie sich einmal gefragt, worin einer der größten Reibungsverluste, die größte Frustration im beruflichen Bereich besteht?

Wer in diesem Bereich mehr will, als die Tage bis zum Wochenende zu zählen oder sich von einem Urlaub zum nächsten zu hangeln, wer auch in seinem Beruf leben und nicht nur funktionieren will, der sollte sich zunächst einmal bewusst machen, dass dieser Bereich, obwohl kein privater, ein Bereich ist, der von Beziehung geprägt ist. Unabhängig von dem, was Sie tun und wo Sie es tun, tun Sie dies immer mit anderen und für andere. Beziehung ist hier tragende Grundlage für Gelingen. Das heißt: Nur wer dazu in der Lage ist, einen Dialog auf Augenhöhe zu führen – und zwar nicht nur über das „Ja", sondern auch über das „Nein" –, kann in seinem Beruf gesund und zufrieden sein. Den meisten ist dies zwar bewusst, aber die wenigsten handeln danach. Im Gegenteil. Wenn Menschen sich beruflich erschöpfen, so tun sie dies in den allermeisten Fällen aufgrund eines fehlenden Dialogs und der daraus erwachsenen Konsequenzen. Der größte Reibungsverlust, wirtschaftlich wie persönlich, entsteht durch die Unfähigkeit zum Dialog, und zwar durch alle Hierarchien hindurch und über alle inhaltlichen Bereiche hinweg. Anstatt *miteinander* zu sprechen, wird meist *übereinander* gesprochen. Und wenn miteinander gesprochen wird, wird das, was besprechenswert ist, aus Konfliktscheu vermieden. „Aber ist das in anderen Unternehmen anders?", werde ich immer wieder gefragt, und zwar meist dann, wenn die Betroffenen vor dem Ausmaß der Konsequenzen stehen und die Tatsachen nicht mehr verleugnen können. Wenn Teams auseinandergebrochen, Projekte verloren und Abteilungen in erschöpfter Wirkungslosigkeit versackt sind.

Erwachsene Frauen und erwachsene Männer, zum Teil in hochrangigen Führungspositionen, schleichen umeinander herum, so lange, bis der letzte Tropfen das Fass zum Überlaufen bringt und es aus ihnen herausbricht. Erwachsene Männer und Frauen, die davon ausgehen, dass „der andere schon weiß, was man meint", bis das Kind in den Brunnen gefallen ist. Die sich dann in dem Maße, in dem sie vorher geschwiegen haben, gegenseitig bepöbeln und vor versammelter Mannschaft bekämpfen und bloßstellen – zum Leidwesen aller Beteiligten und vor allem zu ihrem eigenen. Die mit langer Miene schweigend jeden wissen lassen, was sie von dem anderen halten, wenn dieser spricht.

Erwachsene Menschen, die selbstverständlich nach dem Entweder-oder-Prinzip handeln und damit „ich und ich" meinen – womit sie ebenso munter wie selbstverständlich Tatsachen schaffen, anstatt zu erkennen, dass sie nicht alleine auf der Welt sind. Anstatt von Anfang an ruhig miteinander über das Ja und das Nein zu sprechen, über Erwartungen und Vorstellungen, über Grenzen und über Möglichkeiten – und über Störungen, und zwar in dem Moment, in dem diese sichtbar werden.

Was nicht von allein kommt, geht auch nicht wieder von allein. Im Gegenteil.

„Warum ich das damals nicht gleich angesprochen habe? Weil ich dachte, dass es auch wieder besser wird", war die Antwort einer Personalerin.

„Warum ich das nicht direkt mit dem Kollegen geklärt habe?", fragte eine Führungskraft. „Rückblickend betrachtet hätte ich das wohl tun müssen."

Wenn nicht rechtzeitig reagiert wird und wenn die Dinge laufen gelassen werden, werden die Konflikte zunehmend massiver, die Reibungsverluste größer und die Lösungen schwieriger. „Ich habe heute einen Auflösungsvertrag bekommen", sagte die Personalerin, die gehofft hatte, dass sich die Situation wieder regeln würde. „Ich habe den Kollegen aus dem Team genommen", sagte die Führungskraft. „Ich kündige", sagte die Assistentin. „Wie ich das aushalte? Man gewöhnt sich an alles", sagte eine Managerin, die begann, durch einen Konflikt mit ihrer Kollegin unter einer massiven Blutdruckproblematik zu leiden.

„Kann man eigentlich in seinem Beruf auf seine Kosten kommen?"

Wer dies tun will, der kann dies nicht allein dadurch, aber auf jeden Fall nur unter der Voraussetzung, dass er sich mit seinem beruflichen Umfeld im Dialog befindet. Dies setzt die Fähigkeit aller Beteiligten voraus, das zu sagen, was man meint, zu meinen, was man sagt, sowie von Beginn an beständig klare Aussagen zu treffen und für klare Bedingungen zu sorgen.

Sind Sie und Ihr berufliches Umfeld dazu in der Lage?

Kennen Sie Ihre inneren Realitäten und besitzen Sie die Fähigkeit, sich in Hierarchien auf Augenhöhe zu bewegen?

„Aber mit meinem Chef kann man keinen Dialog führen. Der wird immer gleich laut", sagte eine Personalerin, die jahrelang unter einem cholerischen Vater gelitten hatte. „Und mit lauten Menschen kann ich nicht reden."

„In Hierarchien ist Augenhöhe nicht möglich", sagte eine Studentin, die in einem patriarchalischen Elternhaus aufgewachsen war. „Wie soll das gehen, der Chef hat doch sowieso immer das Sagen. Ich würde ihm gegenüber immer lieber meinen Mund halten."

Kein anderer Bereich leidet wie dieser darunter, wenn innere Realitäten und verinnerlichte Eltern nicht aufgelöst worden sind. Unsere Eltern sind unsere ersten Autoritätspersonen, die wir automatisch, wenn wir sie nicht verarbeitet haben, auch in unseren Beruf mitnehmen und auf die Hierarchieebene über uns projizieren – mit allen Erfahrungen und gleichzeitigen Ansprüchen, die ein Kind an seine Eltern hat. Je ablehnender die verinnerlichten Eltern sind, umso größer sind die damit verbundenen Ängste, aber gleichzeitig auch die Erwartungen, Ansprüche und die innere Frustration, die auf den Vorgesetzten automatisch übertragen werden. „Ich wusste vom ersten Moment an, dass es mit meiner neuen Chefin nicht gut geht", sagte ein Berater, der beschrieb, als „Schlüsselkind" aufgewachsen zu sein. „So wie die aufgetreten ist, das konnte nicht gut gehen. Sie lässt einen vollkommen allein. Warum ich nichts gesagt habe? Mit solchen Frauen kann man nicht sprechen. Die interessieren sich nur für ihre Bedürfnisse."

Der Vorgesetzte wird unbewusst zur überwältigenden oder „nicht genug versorgenden" Mutter oder zum Vater – und wir zum ohnmächtigen oder bedürftigen Kind, mit allen Konsequenzen. Nur vor diesem Hintergrund ist auch die falsche Aussage „eine Augenhöhe ist im Falle von Hierarchieunterschieden nicht möglich" zu verstehen.

Sie entspringt nicht aus der tatsächlichen Unmöglichkeit in der äußeren Realität, sondern aus den unverarbeiteten inneren Realitäten, der fehlenden Erfahrung einer wesentlichen, dialoggeprägten Atmosphäre im Elternhaus. Augenhöhe ist überall nicht nur möglich, sondern sie ist selbstverständlich. Sie ist nicht abhängig von Alter, Geschlecht, Status oder Position – sondern normaler Ausdruck einer wesentlichen Begegnung.

„Aber mein Chef ist tatsächlich gestört und ein sozialer Analphabet."

„Und was mache ich nun, wenn mein Chef tatsächlich nicht dialogfähig ist, sondern ein ziemlicher Tyrann?", fragte eine Assistentin. „Selbst der Vorstand sagt, dass mein Chef ein Zitteraal ist." „Ich bilde mir das nicht ein. Meine Chefin spricht nicht mit mir, sondern sie stellt mich vor vollendete Tatsachen, was soll ich da noch machen?"

Frustration wie äußere Störung werden umso größer, je mehr Sie sich einem dialogunfähigen Umfeld und den damit verbundenen Bedingungen resignativ fügen, anstatt ihm ruhig auf Augenhöhe zu begegnen und das zu äußern, was zu äußern für Sie wesentlich notwendig ist. „Na gut, dann bin ich eben dialogfähig, aber was nützt dies, wenn mein Chef unfähig zu menschlicher Begegnung ist? Wenn er zwar intelligent, aber ein absoluter Analphabet in sozialer Kompetenz ist?"

Ihr Gegenüber kann noch so gestört sein – es gibt *keinen* Grund, die Augenhöhe *nicht* zu halten. Ob sich Ihr Gegenüber Ihnen unterwirft oder Sie unterwerfen will – lassen Sie ihn doch, Sie jedoch halten die Augenhöhe. Unermüdlich und selbstverständlich. Wie der Mond, den es auch nicht interessiert, wenn der Hund ihn anbellt.

„Das heißt also, ich soll mich anschreien lassen?", fragte die Assistentin. Heißt es das? Was heißt es, die Augenhöhe zu halten, wenn Sie jemand beschimpft? Wenn jemand Sie mit Schweigen zu strafen versucht? Beantworten Sie die Frage für sich, indem Sie sich und Ihrem Gegenüber in die Augen blicken und auf dieser Grundlage entscheiden, was für diese Situation und für Sie angemessen ist. Finden Sie so heraus, was Augenhöhe bedeutet, und halten Sie sie.

Dies setzt aber voraus, dass Sie auch innerlich und nicht nur vom Lebensalter her erwachsen sind und mit sich selbst im Dialog stehen. Nur dann können Sie auch in einer gestörten Welt leben und einen würdigen Umgang mit ihr finden und nur dann können Sie auch realistisch überprüfen, ob die Störung für Sie zu groß ist, um dann selbstverständlich Konsequenzen zu ziehen. Konsequenzen, die nicht aus einer (kindlich) frustrierten Ohnmacht getroffen werden, sondern in Anerkennung dessen, was notwendig ist.

Die meisten tun dies jedoch nicht. Sie verharren in dem ohnmächtigen Zeigen auf das gestörte Umfeld, ohne sich von der eigenen Verstörung zu befreien. Dadurch graben Sie sich immer tiefer in die Situation, werden immer gelähmter und ihr Leiden nimmt zu. „Aber ich habe doch recht, meine Chefin ist psychisch krank", wiederholte ein Berater zum x-ten Mal. „Fragen Sie doch meine Kollegen, die denken genauso, es ist unter aller S..., wie die mit uns umgeht." Möglicherweise. Aber was hilft es Ihnen? Die einzige Chance, die Sie haben, ist, selbst ungestört zu handeln – und zwar in doppeltem Sinne! Sorgen Sie für Ihre eigene „Entstörung" und finden Sie heraus, ob auf dieser Grundlage ein ausreichend ungestörtes Handeln in Ihrem Sinne möglich ist. Unter den Bedingungen des Systems, in dem Sie sich befinden. Und die Bedingungen des Systems sind unter anderem auch gestörte Menschen. Auf allen Ebenen. Auch in Führungspositionen. Wenn Sie in Ihrem Beruf leben und auf Ihre Kosten kommen wollen, dann gilt es, diese Realität anzuerkennen und zu lernen, mit ihr umzugehen – und zwar im Dialog auf Augenhöhe anstatt im resignierten inneren (und äußeren) Rückzug.

„Ich hätte es nicht gedacht, aber als ich begann, meinem Chef ruhig gegenüberzutreten, fing die Situation für mich an, entspannter zu werden. In einer Situation schrie er mich an, und ich bin dann einfach gegangen. Nicht beleidigt, sondern konsequent. Als er mich darauf ansprach, erwiderte ich freundlich, dass ich mich gerne in einem normalen Ton mit ihm unterhalten würde. Und wissen Sie was? Seitdem bemüht er sich tatsächlich. Das freut mich natürlich, aber was mich am meisten entspannt, ist, dass ich mich nicht mehr wie das Kaninchen vor der Schlange fühle", sagte eine Personalerin. „Zu Anfang habe ich gedacht, dass so etwas gar nicht möglich ist – im Nachhinein merke ich einfach, dass es meine kindlichen Ängste waren, die mich alles Mögliche haben befürchten lassen. Und ehrlich gesagt hatte ich auch nicht gedacht, dass ich so reagieren würde. Es war in dem Moment für mich einfach klar, das zu tun."

Wenn Sie in Ihrem Beruf leben und auf Ihre Kosten kommen wollen, dann gilt es, diese Realität anzuerkennen und zu lernen, mit ihr umzugehen – und zwar im Dialog auf Augenhöhe anstatt im resignierten inneren (und äußeren) Rückzug.

„Es ist einfach dieses innere Gefühl der Freiheit und des Spielraums, ich bin nicht mehr das kleine Kind, das von dem Vater ausgeschimpft wird", sagte eine Anwältin. „Ich kann einfach normal sagen, was ich will und was nicht. Und ich werde sogar gehört."

Doch nicht immer führt die Klärung der eigenen inneren

Realitäten und ein eigenes erwachsenes Auftreten auf Augenhöhe zu einem neuen Miteinander. Manchmal sind die Störungen im System zu groß.

„Ich habe mich dann entschieden zu gehen", berichtete der Berater, der sich durch seine Chefin alleingelassen gefühlt hatte. „Diese Entscheidung konnte ich aber erst dann treffen, als ich der Situation auf Augenhöhe gegenübertrat. Erst da hatte ich auch für mich selbst das Gefühl, „einen klaren Blick zu haben", sowohl für mich wie für mein Umfeld. Der Blick eines Erwachsenen und nicht mehr der Blick des wütenden und verängstigten Kindes, was sich über offensichtliche Ungerechtigkeit aufregt. Vielleicht war dies auch der Grund, warum meine Ängste und Zweifel, die mich bis dahin immer bezüglich eines Weggehens blockierten, nicht mehr da waren. Ich war nicht mehr ohnmächtig dem Geschehen gegenüber. Ich konnte klar erkennen: Ich wollte nicht mehr unter diesen Bedingungen arbeiten. Eine klare, weil selbstverständlich notwendige Entscheidung – ohne Groll und ohne Hadern."

„Die Kollegin guckt immer so komisch – mit der kann man nicht sprechen"

Doch die inneren Realitäten verunmöglichen nicht nur Augenhöhe bei Vorgesetzten, sondern verhindern auch häufig einen Dialog zwischen Kolleg/Innen, wenn diese zufällig in ihrer Art und Weise das passende Gegenstück zu den unverarbeiteten Prägungen bieten. Ob es der laute oder die „immer so komisch guckende", der schnell beleidigte oder die schweigende Kollegin ist, auch hier wird dementsprechend „unangemessen" reagiert, in dem unbewusst wie ohnmächtig den „Gummistiefeln" der eigenen unbewältigten Vergangenheit gefolgt wird.

Die meisten Konflikte, an denen sich alle Beteiligten, und nicht selten auch das Unternehmen, erschöpfen, entfachen sich über unbewusste kindliche Ohnmachten, die anstatt in ihrer eigenen Ohnmacht in der äußeren Struktur und den äußeren Bedingungen die Unmöglichkeit zu einem Dialog auf Augenhöhe sehen. In der festen Überzeugung, dass der Kollege genau so ist, wie man ihn eben sieht, reagiert man auf ihn mit dem dementsprechenden automatischen Verhalten. Ob laut oder leise, ob beleidigt oder aggressiv, ganz entsprechend des „Schlüssel-Schloss-Prinzips".

Solange dies nicht erkannt wird, wird im Außen gekämpft, sich immer weiter aufgerieben und irgendwann resigniert, weil die Lösung an falscher Stelle gesucht wird. Finden Sie vor diesem Hintergrund heraus, wo Sie innere Realitäten an einem äußeren Dialog hindern, und lösen Sie diese auf. Überlegen Sie einmal in Ruhe, auf wen Sie in Ihrem beruflichen Umfeld ohnmächtig reagieren, bei wem Sie die Augenhöhe verlieren und sich innerlich automatisch zurückziehen – auch wenn Sie im Außen aggressiv kämpfen. Befreien Sie sich von Ihren Prägungen und sorgen Sie für einen klaren, erwachsenen Blick, damit Sie auch in Ihrem beruflichen Umfeld angemessen und eigenmächtig handeln und gestalten können.

„Es ist wirklich eine Entzauberung der Situation. In dem Bewusstsein, dass ich nicht mehr das kleine Kind bin, muss ich auf das kindische Verhalten meiner Kollegin auch nicht mehr reagieren", berichtete die Lehrerin, die als Kind unter einer ablehnenden und durch Schweigen strafenden Mutter gelitten hatte. „Ich belasse Sie und spreche Sie aber unbeirrt an, wenn ich Informationen brauche. Wenn ich daran denke, wie ich mit Herzklopfen morgens ins Büro gekommen bin, das war schon schlimm." – „Seitdem ich meiner Kollegin auf Augenhöhe begegne", sagte eine Assistentin, „muss ich mich mit ihr auch nicht mehr um die Bestellung von Kugelschreibern streiten. Heute haben wir zusammengesessen und konnten das erste Mal seit Langem sogar gemeinsam an der Planung für unseren Betriebsausflug arbeiten."

Leben Sie Ihre wahre oder eine falsche Identität?

Wie für alle anderen Lebensbereiche, so gilt auch für diesen Bereich: Sie können nur leben, wenn Sie das, was Sie tun, um der Sache und um Ihrer selbst willen tun. Je mehr der Beruf für Sie zur

Funktion wird, umso mehr werden Sie früher oder später selbst zu einer – unabhängig davon, ob die Funktion aus Pflichterfüllung, aus Kompensation oder aus falscher Identifikation besteht.

Viele erschöpfen sich in ihrem Beruf, weil sie diesen zu ihrer falschen Identität machen und dadurch den inneren Dialog und ihr Maß für das Wesentliche verlieren. Sie sind nicht mehr dazu in der Lage, zwischen wesentlichen und unwesentlichen Bedürfnissen zu unterscheiden, fühlen sich schneller „existenziell bedroht" und sind gezwungen, dementsprechend aggressiv oder depressiv-resignativ zu reagieren.

„Ich bin so in diesem Projekt aufgegangen", sagte ein Manager, „ich war das Projekt. Bei jeder Frage habe ich mich sofort angegriffen gefühlt und dementsprechend heftig reagiert, kein Wunder, dass keiner mehr mit mir zusammenarbeiten wollte."

„Ich war so mit dem Erfolg dieses Projektes identifiziert, dass ich keine Entscheidungen mehr abgeben konnte, alles musste über mich laufen, weil nur ich wusste, wie es richtig war. Jetzt kann ich sehen, dass es schiefgehen musste", sagte ein Manager. Je existenzieller der Job für einen Menschen wird, umso dialogunfähiger wird er und umso mehr wird seine verbale und emotionale Kommunikation zu einer Einbahnstraße aus Monologen verkommen – mit allen Konsequenzen für seine Position und seinen Erfolg.

Folgen Sie Ihren Eltern und missbrauchen Ihren Beruf als Kompensation?

Meist sind es innere Realitäten und die damit verbundenen Ängste, Wünsche und Sehnsüchte, die zu falschen Identifikationen führen – und auch hier sind es häufig die verinnerlichten Eltern, denen wir folgen und die uns zu grenzenloser Leistung und somit irgendwann in die Erschöpfung treiben.

Ob es der Anwalt ist, der zu seinem Beruf geworden ist, weil er meint, durch den Erfolg endlich die Anerkennung seines Vaters zu bekommen, und dementsprechend „rund um die Uhr arbeitet", oder die Personalerin, die dem Weg ihrer Mutter folgt und grenzenlos dafür sorgen muss, dass es anderen gut geht, wodurch sie in ihrem Job „voll aufgeht“: Gerade der Beruf ist der zentrale Lebensbereich, der als Kompensation und Wiedergutmachung für das genutzt wird, was falsch im Leben läuft und bisher lief, bis er irgendwann selbst „schiefläuft“, weil der Betroffene so nämlich nie ankommen wird und sich selbst immer mehr verliert.

„Ich war geradezu besessen vom Erfolg – im selben Maß, wie ich besessen von dem Gefühl war, ein Versager zu sein. Es gab kein Innehalten, keine Pause“, sagte ein Geschäftsführer. „Ich wollte genauso hoch hinaus, wie ich mich innerlich tief unten fühlte“, sagte ein Wirtschaftsprüfer. „Je schlechter es in meiner Ehe wurde“, sagte ein Geschäftsführer, „umso wichtiger wurde mein Beruf für mich. Mal ganz abgesehen davon, dass er auch eine gute Ausrede bot, um so wenig wie möglich zu Hause zu sein.“

„Jetzt im Nachhinein“, sagte ein ausgebrannter Geschäftsführer, „kann ich sehen, dass ich mich in meinen Beruf geflüchtet habe. Aus der schlechten Situation zu Hause ins Büro – irgendwann war der Job dann tatsächlich alles für mich und ich konnte immer weniger loslassen – von Abschalten ganz zu schweigen. Das hat mich dann auch meine nächste Partnerschaft gekostet.“

Je mehr Sie sich mit Ihrem Job identifizieren, umso existenzieller wird dieser und umso weniger sind Sie dazu in der Lage, an den richtigen Stellen Ja und an den richtigen Stellen Nein zu sagen – anderen und sich selbst gegenüber. Sie sind nicht mehr frei genug, Ihre Grenzen zu ziehen, und laufen Gefahr, nicht nur sich, sondern auch Ihr Umfeld in Grenzenlosigkeit zu erschöpfen.

Mit dem Wesen des Berufes in Dialog treten

Bei den meisten ist der Beruf ein totgerittenes Pferd, totgeritten über zahllose Erfolgssprünge und Stürze aufgrund falscher Identitäten, oder aber er ist ein müder Gaul, der über die bloße Pflichterfüllung der anstehenden Tagesordnungspunkte alt und träge geworden ist. Beruf kommt nicht von Erfolg und auch nicht von Pflichterfüllung. Solange der Beruf nicht um seiner selbst willen gelebt, sondern für eigene Minderwertigkeit und fehlende Identität kompensierend benutzt wird, werden die Betroffenen aus dem Nichts schöpfen und unerfüllt und leer bleiben – selbst wenn Ihre Bankkonten voll sein sollten.

Wer also in diesem Bereich nicht nur im Materiellen auf seine Kosten kommen, sondern zu sich und seiner wahren Identität finden will, der kann dies nur, wenn er zunächst einmal das Wesen des Berufes an sich anerkennt und dann auf dieser Grundlage herausfindet, was dies für ihn persönlich und seinen Beruf im Speziellen bedeutet. So wie das Wesen der Partnerschaft die Liebe ist, so ist das Wesen des Berufes – die Berufung. Ob wir wollen oder nicht und unabhängig davon, ob wir dies leben: „Beruf" kommt von „Berufung". Diejenigen, die sich in ihrem Beruf erschöpft haben, die die Tage bis zum Wochenende zählen und „bis zur Rente durchhalten", fühlen sich nicht berufen in dem, was sie tun – im Gegenteil, sie fühlen sich dazu gezwungen. „Aber das ist doch nur das Ideal", sagte ein Manager. „Es kann sich doch nicht jeder zu seinem Beruf berufen fühlen." Warum eigentlich nicht?

Berufung ist weder ein Privileg noch ein Ausdruck von Großartigkeit – Berufung heißt nichts anderes, als „sich hingezogen zu fühlen, etwas tun zu wollen", ein „inneres Gefühl, einer bestimmten Sache seinen Ausdruck verleihen" oder „etwas Bestimmtes leben zu wollen".

Das Gefühl der Berufung entspringt immer aus dem eigenen Wesen. So haben viele auch deswegen das Gefühl der Berufung verloren, weil sie den Dialog zu sich verloren haben. Sich zu etwas berufen zu fühlen setzt voraus, mit sich in den Dialog zu treten.

Wenn Sie vor diesem Hintergrund einmal innehalten und sich und Ihren Beruf anschauen: Wie sieht es bei Ihnen aus? Fühlen Sie sich zu dem, was Sie tun, berufen? So wie wir neben unserem Grundwesen Mensch noch ein eigenes Wesen besitzen, so besitzt auch jeder Beruf sein spezielles Wesen. Ob es der Beruf des Bäckers, des Verkäufers, des Arztes, des Beraters, des Anwalts, des Lehrers ist – es gilt, jeden Einzelnen in seiner speziellen Bedeutung herauszufinden. Was macht das Wesen des Arztes im Konkreten aus? Was das Wesen des Lehrers? Was des Verkäufers? Dies ist nicht in der theoretischen Überlegung, sondern in der praktischen Ausübung zu erfahren.

Das Wesen Ihres Berufes

Ist schon das Grundwesen des Berufes für viele ein für sie scheinbar unerfüllbares Ideal, so machen sich auch nur wenige Gedanken, welches spezielle Wesen ihr eigener Beruf darüber hinaus noch besitzt. Dabei ist dies eine der Grundlagen, um seinen Beruf auch beständig leben zu können, denn der Beruf lebt durch sein Wesen.

Haben Sie sich einmal Gedanken über das Wesen Ihres Berufes gemacht? Wenn ich Sie fragen würde: Was ist das Wesen Ihres Berufes? – Könnten Sie mir auf Anhieb eine Antwort geben? Oder fällt Ihnen nur eine Tätigkeitsbeschreibung ein?

„Ehrlich gesagt mache ich meine Arbeit und wickle meine Projekte ab“, sagte ein Berater. „Was das Wesen meines Berufes ist – ehrlich gesagt, ich weiß es nicht ... was ist das Wesen des Beraters?“

„Zu Anfang, da hatte ich richtig Lust, in die Kanzlei zu gehen, ich freute mich auf die Fälle, und jetzt tue ich das, was ansteht. Was das Wesentliche meines Berufes ist? Tja, das frage ich mich nach zehn Jahren auch“, sagte eine erschöpfte Anwältin.

Wer in seinem Beruf zufrieden und erfolgreich sein will, der kann dies nur, wenn er das Wesen seines Berufes – bewusst – lebt. Das macht am Ende nicht nur jedes gute und erfolgreiche Handwerk aus, sondern bietet gleichzeitig eine Kraftquelle, aus der Energie, Motivation und Sinn geschöpft werden können. Es ist ein Teil des äußeren Zuhauses in diesem Bereich und bietet notwendige Grundlage, Substanz und den Rahmen.

„Erst als ich mir selbst die Frage stellte, was meinen Beruf überhaupt ausmacht, hatte ich den Eindruck, aus dieser Maschinerie rauszukommen, in der ich mich befand“, sagte ein Wirtschaftsprüfer. „Irgendwie half mir die Frage, mich wieder zu erden und

Verbindung dazu aufzunehmen, was ich überhaupt tue. Ehrlich gesagt stelle ich mir diese Frage selbst immer wieder, seitdem Sie mich das erste Mal fragten, vor allem in den Momenten, in denen ich spüre, wieder in einen ‚abgestellten' Trott zu verfallen."

„Die Antwort auf die Frage erinnerte mich daran, warum ich mich damals für meinen Beruf entschieden habe", sagte eine Ärztin. „Dies hatte ich genauso vergessen, wie ich mich verloren hatte. Die Antwort hat mich zurückkommen lassen und gibt mir Kraft, meine Arbeit wieder zu gestalten – auch unter den Bedingungen, unter denen ich gerade arbeiten muss."

„Ich glaube, es war vor allem auch das Gefühl einer gewissen Sinnlosigkeit, die mich in diesem Bereich so frustriert hat werden lassen", sagte eine Anwältin. „Mich auf das Wesen meines Berufes zu besinnen hilft mir, mich auch wieder auf mich selbst zu besinnen und auch darauf, was das Wesen meines Berufes für mich persönlich bedeutet."

„Ich weiß wieder, warum ich morgens aufstehe", sagte ein Ingenieur.

Die wahre Identität des Berufes nach dem Dialogprinzip

Für einen erfolgreichen Beruf genügt es jedoch nicht, das Wesen des Berufes zu kennen und zu leben, sondern es gilt, dieses mit dem eigenen Wesen zu verbinden. Seinen Beruf auszuüben heißt, aus seinem Wesen heraus mit dem des Berufes in den Dialog zu treten, herauszufinden, wozu man sich persönlich hingezogen fühlt und was man persönlich davon leben möchte. Aus dieser Begegnung gilt es zu seiner wahren Identität zu finden und diese im ständigen Dialog weiterzuentwickeln.

„Was das Wesen meines Berufes ist?", fragte ein Leiter eines Coffeeshops. „Ich bin Dienstleister … " Und nachdem er einen Moment lang nachgedacht hatte, sagte er: „Das bedeutet für mich persönlich: Ich möchte, dass die Leute glücklich rausgehen. Ich weiß, dass dies nicht bei jedem möglich ist, aber das möchte ich und das macht für mich das Wesen meines Berufes aus."

„Ich möchte den Dingen auf den Grund gehen", sagte eine Ärztin. „Dazu fühle ich mich in meinem Beruf hingezogen."

„Zu Anfang", sagte die Anwältin, „war es ganz klar die Verteidigung. Jetzt ist es ein schützendes Zur-Seite-Stehen."

Wenn Sie Ihren Beruf durch sich erkennend zum Leben bringen, dann beginnen Sie, in diesem Bereich zu leben. Die Begegnung mit dem Wesen Ihres Berufes bietet Ihnen Orientierung, Halt und Stärke, Ihr eigenes Wesen gibt ihm die Gestalt und die endgültige Richtung. Das ist Beruf. Das ist Berufung. Das ist Leben. „ Das Wesen meines Berufes bietet mir die Grundlage und ich gebe ihm darauf aufbauend meinen persönlichen Sinn", sagte ein Architekt.

Wem dies gelingt, wer das Wesen seines Berufes erkennt und ihm die Gestalt seines Wesens gibt, der wird spüren, was für eine Kraft sich darin verbirgt. Was für eine Kraft und was für eine Freude und welche Möglichkeiten sich daraus ergeben, Dinge voranzutreiben und zu bewirken – in einem wesentlichen Sinne. Wer mit dem Wesen seines Berufes im Dialog steht, der wird aus dieser Begegnung beständig Energie schöpfen können.

Der wird erfahren, dass der Beruf all das in sich birgt, was Leben auch ist: Leistungsfähigkeit, Erfolg, Freude – lohnenswerte, intensive, gewinnbringende Arbeit, Weiterentwicklung und Vorankommen.

Der wird am Ende seines Tages immer wieder auch erschöpft, aber nicht gestresst sein. Der wird spürend wissen, was er getan hat, aber er wird zufrieden und nach einer ruhigen Nacht wieder ausgeruht sein, weiterzugehen, zu schaffen und sich und das eigene Tun weiterzuentwickeln.

Wenn Sie all dies richtig zu nutzen wissen, dann werden Sie darüber nicht nur zu sich, sondern auch zum Erfolg finden, nicht nur, weil Sie eine ganz andere Kraft haben, Dinge in diesem Bereich voranzutreiben, nicht nur, weil die Menschen um Sie herum spüren, dass Sie wissen, was Sie tun, und Sie deswegen suchen werden, nicht nur, weil Sie auch Ihren Beruf voranbringen, sondern auch, weil Sie dadurch im Fluss des Lebens bleiben und so Möglichkeiten des Lebens erkennen, die Ihnen sonst verschlossen bleiben würden.

Den Beruf in all seinen Facetten leben

Im Folgenden möchte ich noch auf zwei weitere Punkte eingehen, die sowohl für die eigene Gesundheit und Zufriedenheit wie für den Erfolg in diesem Bereich notwendig sind. Beruf kann nur erfolgreich gelebt werden, wenn alle in ihm enthaltenen Komponenten berücksichtigt werden. Die Berufung beinhaltet nicht nur, „das eigene Wesen zu leben", sondern immer auch die der sozialen Komponente. „Sich berufen fühlen zu tun" führt immer zu einem Tun „für". Wer Berufung also als bloße Selbstverwirklichung, als bloßes „für sich" sieht, übersieht den anderen entscheidenden Teil, den Teil „für andere".

Egal, in welchem Bereich Sie arbeiten, Sie tun das, was Sie tun, immer für die „Welt" – selbst wenn Ihr Tun noch so egozentrisch ist. Jeder Beruf ist seinem Wesen nach „sozial" – denn er wird immer in Beziehung gebracht – auch wenn viele dies gern verdrängen, gerade dort, wo das Gegenteil gelebt wird.

Sie können nur dann in Ihrem Beruf am Leben bleiben, wenn Sie an das glauben, was Sie tun. Wer nicht an das glaubt, was er tut, der verliert auch den Glauben an sich, mit all den damit verbundenen Konsequenzen der Leere, der Selbstzweifel und einem zunehmenden inneren und äußeren Vegetieren und Funktionieren. Am Ende steht dann der Verlust der eigenen Wirksamkeit.

Wer sein berufliches Leben hingegen am Grundwesen des Berufes ausrichtet, der wird seinen Glauben nicht nur nicht verlieren, sondern im Gegenteil: der wird sich selbst und seine Wirksamkeit sogar noch stärken. Wer sich berufen fühlt, etwas zu tun, der wird daran glauben, was er tut, und aus diesem Glauben all die Kraft und Energie schöpfen, die er für die Umsetzung seiner Arbeit und seiner beruflichen Ziele braucht. „Wenn ich nicht an das geglaubt hätte, was ich tat und tue", sagte ein Geschäftsführer, „hätte ich das Unternehmen nie so aufbauen können, wie ich es getan habe."

„Es war mein eigener Glaube, der mir geholfen hat, dieses Projekt durch alle Widerstände und über sechs Jahre lang durchzuboxen – niemand hat noch an den Erfolg geglaubt, aber ich wusste, dass es eine gute Sache war, und ich wusste, die Zeit würde kommen", sagte ein Stiftungsgründer.

Wer an das glaubt, was er tut, wird auf ganzer Linie wirken und Wesentliches bewirken können.

Inwieweit der Mensch vor dem Hintergrund seines Wesen ein Leben lang an ein eigenes unwesentliches Tun glauben kann, das weiß ich nicht. Ich weiß nur, dass Menschen, je älter sie werden, die Begrenztheit ihres Lebens spüren und vor diesem Hintergrund auch die Substanz Ihres bisherigen Leben.

Was es bedeutet, in der Rückbetrachtung auf das eigene Leben zur Erkenntnis zu gelangen, substanz- und wirkungslos gehandelt zu haben – dieses Ausmaß und die damit verbundenen Konsequenzen können nur die Betroffenen erspüren.

„Je älter ich werde", sagte ein 45-jähriger Manager, „umso mehr frage ich mich eigentlich, wie viel Substanz das eigentlich hat, was ich da tue. Noch sind meine Boni hoch genug, um diesen Gedanken schnell beiseitedrängen zu können, aber werden sie hoch genug sein, wenn ich in 20 Jahren auf das zurückblicke, was ich getan und auch nicht getan habe?"

Sich zu Hause fühlen: Arbeiten in einem gesunden Unternehmen

So entscheidend es für die berufliche Zufriedenheit auch ist, das Wesen des Berufes durch das eigene Wesen zu leben – dies kann nur gelingen, wenn dafür auch die notwendigen Rahmenbedingungen herrschen. Wer in seinem Beruf leben und nicht nur funktionieren will, der muss sich nicht nur in dem, was er tut, sondern auch, wo er es tut, „zu Hause" fühlen. Sich zu Hause fühlen kann nur, wer in einer menschlich wesentlichen Atmosphäre arbeitet, in der er wesensgemäß handeln kann – und behandelt wird.

Vor diesem Hintergrund will ich nun zu dem letzten Punkt kommen, der in diesem Bereich erfüllt sein muss. Einem für diesen Lebensbereich entscheidenden Punkt:

Nicht nur Sie sind in diesem Bereich bei der Aufrechterhaltung Ihrer Gesundheit gefragt, sondern immer auch die Umgebung, in der Sie arbeiten, und die Menschen, für die Sie arbeiten. Während Sie verpflichtet sind, für eine innere Heimat zu sorgen sowie sich und Ihrem Umfeld erwachsen im Dialog zu begegnen, ist die Umgebung gefordert, Ihnen dafür ein wesentliches äußeres Zuhause zu bieten. Berufliche Gesundheit kann niemals nur in der Verantwortung des Einzelnen, sondern muss immer auch in der Verantwortung der Allgemeinheit liegen. Dies heißt konkret: Hier sind Wirtschaft und Politik gefragt. Die Verantwortlichen in Unternehmen müssen für wesentliche Bedingungen sorgen, damit die Menschen, die in ihnen arbeiten, gesund bleiben.

Dies kann in letzter Konsequenz nur dann gelingen, wenn auch das Unternehmen bereit ist, seine wahre Identität zu leben. Ansonsten wird es, wie es bei vielen Unternehmen der Fall ist, eine Kultur auf dem Papier und eine Unkultur in der Realität aufweisen. Es wird genauso wohlformulierte wie sinnlose Leitfäden besitzen, sinnlos, weil ihnen die Substanz und die Basis zum Leben fehlen.

Auch hier resultiert die Identität aus dem Dialog zwischen dem eigenen Wesen und dem Wesen des Umfelds. Viele Unternehmen besitzen kein eigenes Wesen, außer dem des wirtschaftlichen Wachstums. Je mehr zusätzliche eigene Seele ein Unternehmen jedoch besitzt, umso mehr kann es sich mit der Seele der Mitarbeiter verbinden und umso einfacher für wesentliche Bedingungen sorgen. Auf organische Weise kann es aus dieser Verbindung wiederum dem eigenen Wesen gemäß wertschöpfend und gewinnbringend handeln. In kleinen und mittelständischen Unternehmen ist dies mehr oder weniger gegeben. Je größer die Unternehmen werden, desto schwieriger wird die Umsetzung.

Für die Gewährleistung von beruflicher Gesundheit gilt es also nicht nur, dass sich der Einzelne die Frage nach der eigenen Identität stellt, sondern immer auch die Verantwortlichen im Unternehmen.

Wenn das Unternehmen oder der Konzern nur das Wesen der Gewinnmaximierung besitzt, sein Wesen also als reine Funktion sieht, dann ist es umso mehr auf den Dialog mit den Mitarbeitern angewiesen. Ansonsten wird es der großen Gefahr unterliegen, seine Funktion als selbstverständlichen Maßstab und „Kultur" zu leben und so seine Mitarbeiter und irgendwann auch sich selbst über die Verkennung einer wesentlichen Tatsache verbrennen: Der Mensch ist keine Funktionseinheit.

Ein Unternehmen kann als „reine" Funktionseinheit nur dann erfolgreich sein, wenn es sich konsequent an das Prinzip des Dialoges hält und anerkennt, dass sich seine wahre Identität niemals aus dem eigenen Wesen allein speist, sondern immer auch aus dem der Menschen, die in ihm arbeiten. So wie die Mitarbeiter anzuerkennen haben, dass das Wesen eines jeden Unternehmens meist vor allem und manchmal auch nur der wirtschaftliche Gewinn ist, gilt es für das Unternehmen anzuerkennen, dass seine Mitarbeiter Menschen und keine Funktionen sind. In Anerkennung dieser beiden wesentlichen Tatsachen und der damit verbundenen Bedingungen gilt es im Dialog für alle Beteiligten zu einer wahren Identität zu finden und nach dieser zu leben. Wirtschaftliches Wachstum kann nur gesund bleiben, wenn es in wesentlicher Anerkennung dieser Realitäten stattfindet.

„Der Fisch stinkt immer vom Kopf"

Dies heißt, das Unternehmen hat für mündige und dialogfähige Führungskräfte, Vorstände und Aufsichtsräte zu sorgen. Führungskräfte, die in der Lage sind, wesentlich erkennend zu handeln und zu führen – jeweils in und aus ihrer Position heraus. Führungskräfte, die nicht nur über Intelligenz, sondern über Beziehungsfähigkeit und wahre eigene Identität verfügen. Die um ihren Wert wissen und dementsprechend über die Grundwerte des menschlichen Miteinanders, anstatt diese narzisstisch in ihrem Beruf zu suchen. Selbstbewusste Persönlichkeiten, die mit sich im Dialog stehen und in der Lage sind zu erkennen, was das Wesen Mensch für notwendige Bedingungen braucht, um innovativ schaffen zu können – gut zu schaffen, im Sinne des Unternehmens. Persönlichkeiten, die wissen, dass, wenn Unternehmen nicht im wesentlichen Sinne ihrer Mitarbeiter handeln, diese auch nicht in deren Sinne handeln können. Fernab von einem Nicht-Wollen, sondern in einem Nicht-Können. In einem Nicht-Können, weil die wesentlichen Bedingungen einfach fehlen.

Wenn Unternehmen also nicht bereit sind anzuerkennen, dass Beziehungs- und Dialogfähigkeit Grundvoraussetzung für Führung sind, und nicht konsequent danach handeln, wenn fachliche und menschliche Qualifikation nicht gleichwertig ausschlaggebende Einstellungskriterien werden, dann wird dies ein entscheidender Grund dafür sein, dass sich die Menschen in diesem Bereich weiter erschöpfen.

Wo stehen Sie in Ihrem Beruf?

Das Leben ist immer das, was wir aus ihm machen. Überall, auch in unserem Beruf. Soll dieser nichts als eine disziplinierte Pflichterfüllung sein?
Eine vergebliche Kompensationsmöglichkeit fehlender eigener Identität und unwesentlichen Lebens?
Machen Sie vor diesem Hintergrund folgende Bestandsaufnahme:
Befinden Sie sich in Ihrem Beruf im inneren und äußeren Dialog?
Wenn nicht, dann finden Sie bitte heraus: Ist der Grund dafür, dass Sie falsche Identitäten leben?
Verhindern innere Realitäten einen äußeren Dialog? Und wenn ja, welche?
Sorgen Sie für eine Lösung – wenn nötig, mit externer Hilfe.
Wer in diesem Bereich zu sich und aus der Erschöpfung finden will, der kann dies nur, indem er das Wesen dieses Lebensbereiches anerkennt und danach handelt: Finden Sie heraus, was dies persönlich für Sie bedeutet:
Wozu fühlen Sie sich Ihrem Wesen nach berufen? Was ist das Wesen Ihres Berufes? Finden Sie darin ausreichend Übereinstimmungen, um sich „zu Hause“ fühlen zu können?

Sorgen Sie für ein wesentliches Umfeld
Wie sieht das Wesen der Struktur und des Systems aus, in dem Sie Ihren Beruf ausüben? Sind die Bedingungen, in denen Sie sich befinden, menschlich und ausreichend wesentlich für Sie?
Was ist mit den Arbeitsbedingungen (Aufwand, Arbeitsweise und Arbeitszeit), die Sie sich zumuten? Sind diese, Ihrem eigenen Grundwesen entsprechend, menschlich? Handeln Sie so oft wie möglich um der Sache willen.
Beruf kommt von Berufung und nicht von Erfolg oder Lebensfinanzierung. Wissen Sie eigentlich noch, was Sie tun, warum Sie es tun und wie Sie es tun? Was ist der Sinn Ihres Berufes? Welchen Sinn könnte er für Sie haben? Verleihen Sie ihm Ihren Sinn und Ihre Gestalt – ob durch das Was oder durch das Wie.
Nur wenn Sie diesen Bereich auch wirklich leben, werden Sie ein gutes Leben führen können. Der Beruf ist Ihr Leben, füllen Sie ihn mit dem Ihren.

Werden Sie wirksam und bewirken Sie etwas
Glauben Sie noch an das, was Sie tun? Wie wirksam fühlen Sie sich noch in Ihrem Beruf? Wirken Sie noch oder sind Sie längst der abarbeitende Hamster im Hamsterrad?
Überlegen Sie einmal mithilfe der genannten Impulse, wie Sie zu Ihrer Wirksamkeit zurückfinden können. Ob im Großen oder im Kleinen – was wollen Sie bewirken? Finden Sie heraus, wo und wodurch sie wirken können. Durch ein Wort? Durch eine Idee? Durch bestimmte Handlungen?

Anerkennen, was ist

„Und was ist, wenn ich nun herausgefunden habe, dass ich mich tatsächlich für einen ‚falschen' Beruf entschieden habe?", ist nicht selten die Frage, die sich für Betroffene auf dem Weg zu sich selbst früher oder später auftut.

„Bestimmte Fragen darf man sich ab einem bestimmten Alter doch gar nicht mehr stellen", sagte ein Unternehmensberater und meinte damit: „Was hilft es mir, wenn ich mit 50 herausfinde, dass ich einen falschen Job habe?" In solchen Momenten stehen Sie häufig vor der Wahl „Cholera oder Pest". Dann, wenn innere und äußere Bedingungen nur schwer miteinander zu vereinbaren sind, die äußeren Bedingungen aber eine bestehende Lebensrealität sind, deren Veränderung mit ausgeprägten Konsequenzen verbunden wäre. Deswegen gilt auch hier der Grundsatz des Dialogprinzips: Immer zuerst nach einem Sowohl-als-auch suchen und nur bei tatsächlich wesentlicher Notwendigkeit nach einem Entweder-oder handeln. Das heißt, am Ende geht Ihr Leben vor. Bevor es jedoch zu einem Entweder-oder kommt, gilt es, sich in einem Sowohl-als-auch auf die Suche nach dem Wesentlichen zu machen.

Und das heißt, sich zuallererst zu fragen: Was heißt *falscher Job* eigentlich genau für Sie? Heißt es, dass Sie sich, wenn Sie sich noch einmal wie vor 20 Jahren entscheiden könnten, anders entschieden hätten? Heißt es, dass die Bedingungen um Sie herum Ihnen nicht das ermöglichen, was Sie eigentlich möchten? Und vor allem: Auf welcher Grundlage sind Sie zu der Entscheidung des Falschen gekommen? Handelt es sich um einen erwachsenen, in einem Dialog auf Augenhöhe entstandenen Eindruck? Können Sie sicher innere Realitäten, falsche Kompensationswünsche und unerfüllbare Wiedergutmachungsansprüche klar ausschließen? Geht es hier tatsächlich um Ihr Leben oder geht es um das, was Sie nicht gelebt haben und nun nachholen oder wiedergutmachen wollen?

Sorgen Sie für eine saubere Klärung dieser Fragen, bevor Sie handeln – in Ihrem Sinne, denn wenn einer der letzten drei Punkte zutrifft, werden Sie mit Ihrer Entscheidung aller Wahrscheinlichkeit nach nicht glücklich werden.

Jeder Bereich birgt sein Wesentliches. Finden Sie heraus, ob dies in Anerkennung der Lebenssituation nicht ebenfalls für Sie wesentlich sein oder werden könnte. „Und wenn man erkannt hat, dass seinem Beruf ein wesentliches Wesen fehlt?", fragte ein Mann, der feststellte, dass er zwar einen finanziell überaus lukrativen, aber menschlich „wertlosen" Beruf ausübte.

Dann haben Sie noch immer sich und Ihren Wert. Ihr Wesen, um in einem unwesentlichen Bereich Wesentliches zu vollbringen. Das kann viel und das kann erfüllend sein. Suchen Sie nach

Möglichkeiten, sich in den bestehenden Rahmenbedingungen gestaltend zum Ausdruck zu bringen. Sie werden sehen, wesentliche Möglichkeiten lassen sich häufiger finden, als Sie denken. Versuchen Sie, alles wesentlich Mögliche in dem Bereich, für den Sie sich entschieden haben, herauszufinden, und treten Sie dafür dialogbereit ein. Tun Sie alles Ihnen Mögliche auf Augenhöhe, um die für Sie notwendigen Bedingungen umzusetzen. Und wägen Sie im Sinne eines gesunden Kompromisses in Ruhe ab, bevor Sie entscheiden, dass Sie dort, wo Sie sind, falsch sind. Sollten Sie dann jedoch weiterhin feststellen, dass dies tatsächlich der Fall ist, dass Sie in Ihrem Beruf falsch sind, und zwar so falsch, dass es an Ihre wesentliche Substanz geht, dann handeln Sie dementsprechend, denn es geht hier um Ihr Leben.

Bitte werden Sie nicht zu dem Fuchs mit den Trauben

„Was heißt schon Leben – am Ende sterben wir doch sowieso alle."

Je älter wir werden, umso schwerer wiegen die unverarbeiteten inneren Realitäten, weil sie zu einem Leben führen, das nicht das unsere ist.

Ob wir scheitern, weil wir unsere Entscheidungen auf falsche Tatsachen gebaut haben, oder ob wir trotz zunehmender „Lebensleistung" einfach nicht ankommen – mit zunehmendem Alter werden wir zunehmend mit den Konsequenzen unserer inneren Realitäten konfrontiert, die wir häufig noch nicht einmal als solche erkennen, sondern für das Leben halten.

Dies führt dazu, dass viele in der wachsenden Zementierung ihres nicht gelebten Lebens immer mehr zu dem Fuchs mit den Trauben werden – und damit ihr Nicht-Leben immer weiter zementieren.

Ob sie beginnen, das, wonach sie vergeblich gesucht haben, nun als einen „zu hohen", „theoretischen" und „unrealistischen" Anspruch abzulehnen, oder ob sie beginnen, das eigene Scheitern als gewolltes Leben zu bezeichnen und diese Art der Lebenserfahrung zu ihrer vermeintlichen Wahrheit und einer gewonnenen Lebensweisheit zu erklären – Reaktionen auf die inneren Realitäten gibt es viele.

Doch diese Vielfalt ändert nicht, dass Leben nur dann gelingen kann und wird, wenn es tatsächlich das unsere ist – unabhängig vom Lebensalter, unabhängig von der Vergangenheit und fernab von einem Anspruch. Das, was „uns" ausmacht, bleibt – ob wir es verleugnen oder zu verdrängen versuchen. Es bleibt, solange wir leben.

Reagieren Sie nicht zynisch auf das bisher vergebliche Suchen in Ihrem Leben und das durch innere Realitäten bedingte Scheitern.

Auch wenn vieles in Ihrem Leben bisher nicht möglich war, heißt das nicht, dass es nicht jetzt möglich ist. Das Leben ist möglich – auch für Sie. Auch Sie können zu einem wesentlichen Leben finden.

Geben Sie nicht auf, das weiter zu suchen und finden zu wollen, von dem Sie im tiefsten Innern spüren, dass es das ist, was Sie zum Leben brauchen. Speisen Sie sich nicht selbst mit Erklärungen des fortgeschrittenen Alters oder verpasster Chancen ab – vor Ihnen liegen noch alle Möglichkeiten, ausgehend vom jetzigen Zeitpunkt. Finden Sie heraus, wie diese Möglichkeiten aussehen, und treten Sie für sich ein. Bleiben Sie ehrlich, Ihnen selbst und dem Leben gegenüber, anstatt es immer weiter unter Steinen des Zynismus zu begraben, unter Intellektualisierung und Rationalisierung – versinken Sie nicht in die Depression über das, was nicht war, sondern ergreifen Sie die Chancen, die Sie jetzt haben – egal, wie viel Zeit Ihnen noch bleibt. Sie haben Leben nicht nur hinter sich, sondern immer auch noch vor sich – und zwar genau so lang, wie Sie leben.

Geben Sie nicht auf, das weiter zu suchen und finden zu wollen, von dem Sie im tiefsten Innern spüren, dass es das ist, was Sie zum Leben brauchen.

5. Kapitel

Lebensrealitäten: Anerkennen, was ist

Das Wesen des Lebens

„Die Bedeutung des Lebens kann man nur finden, wenn man seine eigene Bedeutung erkannt hat."

In diesem Kapitel möchte ich noch einmal einen zentralen Punkt hervorheben, um einem möglichen wie großen Missverständnis auf dem Weg zu sich selbst vorzubeugen: Viele meinen, dass das Leben der eigenen wahren Identität nur durch das eigene Wesen bestimmt wird. Dies ist falsch. Die eigene wahre Identität wird immer auch durch das Wesen des Lebens bestimmt.

Ich hebe diesen Punkt deswegen so hervor, weil sehr viel Leid und ein Nicht-Ankommen häufig darin begründet liegt, dass die Betroffenen das Wesen des Lebens nicht anerkennen wollen. Viele scheitern auf dem Weg zu sich, weil sie nicht bereit sind, Lebensrealitäten zu akzeptieren. Sie sind nicht bereit zu erkennen, dass auch das Leben ein Wesen besitzt und dass damit Gesetzmäßigkeiten verbunden sind, denen wir alle, solange wir ein Teil des Lebens sein wollen, unterliegen – ob wir wollen oder nicht.

Nicht zu sich selbst finden liegt auch darin begründet: die Weigerung, mit den Lebensrealitäten in den Dialog zu gehen. Die Weigerung anzuerkennen, was ist.

„Das Leben ist nicht gerecht"

„Leben ist keine Frage nach dem, was ich will, sondern nach dem, was ist."

Wenn sich Menschen in ihrem Leben erschöpfen, dann häufig auch deswegen, weil sie mit ihrem Leben durch den lauten Ruf nach Gerechtigkeit hadern. Wer zu sich finden will, der kann dies nur, wenn er bereit ist zu sehen, dass das Leben nicht gerecht ist.

Leben ist keine Frage von Gerechtigkeit. Es stellt nicht die Frage nach Gerechtigkeit und wir sollten uns hüten, uns darin zu verlieren. Das Einzige, was wir tun können und meiner Ansicht nach auch müssen, ist, recht zu handeln und für ein rechtes Handeln zu sorgen.

Ob sich am Ende dann möglicherweise herausstellt, dass Leben doch gerecht ist, und zwar weil wir alle, die wir leben, dem gleichen Prinzip unterliegen, dass wir auf dem Weg zu uns erkennen, dass Gerechtigkeit ein ganz anderes Gesicht bekommt, wenn sie nicht aus dem Monolog des Menschen mit sich, sondern im Dialog mit dem Leben und den Mitmenschen entsteht – ob dem so ist, dies kann sicherlich nur jeder für sich herausfinden, wenn er sich mit dem Lebensbereich Glauben auseinandersetzt und dort zu seiner und zur Identität des Lebens findet.

Der zu sein, der man ist, heißt Abschied von der Vorstellung nehmen, dass das Leben nach unserer Vorstellung zu laufen hat

Der zu sein, der man ist, bedeutet, das zu verabschieden, was nicht (mehr) ist, und sich davon zu trennen.

Ein Mann kam in die Beratung, weil er unter einer zunehmend depressiven Symptomatik litt. Er hielt an einer Ehe fest, die längst gescheitert war – was er sich jedoch aufgrund der inneren Realität *Man darf nicht scheitern* einzugestehen weigerte.

> ***Der zu sein, der man ist, bedeutet, das zu verabschieden, was nicht (mehr) ist.***

Eine Frau ließ sich in die Klinik einweisen, nachdem sie sich über die vergeblichen Versuche einer Schwangerschaft zunehmend erschöpft und verloren hatte. Insgesamt hatte sie zehn künstliche Befruchtungen über sich ergehen lassen und obwohl der Arzt ihr sagte, er würde von jedem weiteren Versuch dringend abraten, da er keine Aussichten auf Erfolg sehen würde, obwohl ihr Körper und auch ihre Psyche zunehmend deutliche Erschöpfungsspuren zeigten, hielt sie an ihrem Wunsch fest.

Eine junge Frau verlor ihre Mutter, zu der sie eine ambivalente Beziehung besaß, durch einen plötzlichen Autounfall. Viele Dinge nicht klären könnend, begann sie, sich der Trauer gegenüber zu verschließen. Sie war nicht bereit, sich den Schmerzen zu stellen, da sie ihre nie wirklich gehabte Mutter nicht loslassen wollte.

Alle drei verloren sich über das Leben – und darüber immer mehr ihr eigenes.

Nicht wenige suchen sich vergeblich, weil sie nicht bereit sind zu akzeptieren, dass die Frage nach Leben nicht allein die Frage danach ist, was ich will, sondern die Frage nach dem, was möglich ist und was nicht. Nur das, was tatsächlich auch ist, ist möglich. Und das, was ist, ist immer jetzt.

Viele verlieren ihr Leben, weil sie nicht bereit sind, dies zu sehen, sondern in dem verharren, was längst gewesen und längst nicht mehr ist.

Sie verharren in dem Schmerz über das, was nicht war, und über das, was nicht ist – in Sehnsüchten, entstanden in Momenten, in denen das Wesentliche fehlte, verharren in der vermeintlichen Ungerechtigkeit des Lebens, in dem erbitterten Kampf nach Gerechtigkeit, in dem Kampf um Wiedergutmachung dessen, was nicht wiedergutzumachen ist. Verharren in falschen Identitäten, aus Angst zu scheitern, und aus der Selbsttäuschung, Illusion zur Wahrheit machen zu können.

In der Mikrobiologie gibt es eine Grundregel, die lautet: Wo sich Stase findet, da findet sich auch eine Infektion. Dies gilt auch für das Leben.

Zu sein, wer man ist, setzt voraus, dass man im Fluss des Lebens bleibt. Wer im Fluss des Lebens bleiben will, der kann dies nur, wenn er mit dem Leben im Dialog bleibt und nicht gegen das Leben ankämpft. Dies ist für viele eine der größten Herausforderungen auf dem Weg zu sich selbst, die es zu überwinden gilt. Zu lernen, nicht gegen das Leben anzukämpfen, sondern es so zu leben, wie es (möglich) ist.

Alles, wofür ich mich entscheide und nicht entscheide, hat Konsequenzen – und die gilt es zu tragen

Der zu sein, der man ist, heißt anzuerkennen, dass alles das, was ich tue (und nicht tue), Konsequenzen hat und nicht rückgängig zu machen ist. Es heißt zu sehen, dass all das, was ich geschaffen habe, ist – ob ich es im Nachhinein will oder nicht.

Menschen verlieren auch darüber ihr Leben, weil sie sich davor scheuen, Konsequenzen zu tragen, die aus eigenen Entscheidungen entstanden sind. Konsequenzen zu tragen heißt, im Dialog mit selbst geschaffenen Tatsachen zu bleiben und diesen gegenüber eine Haltung auf Augenhöhe einzunehmen. Viele sind dazu nicht bereit. Sie fliehen davor und gehen in den inneren (und irgendwann auch in den äußeren) Rückzug.

Der zu sein, der man ist, heißt zu erkennen, dass wir auch immer das sind, was wir getan und was wir nicht getan haben. Unsere Identität wird nicht nur durch unser Wesen bestimmt, sondern auch durch das, was wir aus unserem Leben gemacht haben.

Seine wahre Identität zu leben heißt auch, falsche Entscheidungen anzuerkennen. Es heißt zu akzeptieren, dass das, was einmal geschaffen worden ist, nicht rückgängig zu machen ist – selbst dann nicht, wenn es aus einer falschen Identität heraus entschieden wurde.

Sie können eine falsche Identität auflösen und durch ihre wahre Identität ersetzen – die Konsequenzen, die durch die falsche Identität entstanden sind, die werden jedoch immer sein. Sei es in Form von äußeren Fakten oder aber in Form von inneren Spuren – beides bestenfalls verarbeitet und verabschiedet, aber selbst darin immer bleibend, weil einmal gewesen.

Ob Sie nun Ihren Beruf, Ihr Unternehmen oder Ihren Partner wechseln – selbst wenn Sie noch einmal studieren würden –, Sie nehmen Ihre Erfahrungen des bisherigen Lebens immer mit. Das, was man tut, hinterlässt immer Spuren – innere und äußere. Ganz neu anfangen ist nicht möglich. Ihre Spuren werden immer zurückbleiben. Und selbst wenn Sie vor diesen fliehen und bis ans andere Ende der Welt gehen, nehmen Sie sich immer mit.

Das Leben fängt nur einmal an, bei Ihrer Geburt. Sie können weitergehen, aber Sie können niemals neu beginnen, denn Sie sind nicht mehr neu. Der zu werden, der man ist, heißt, dies anzuerkennen.

Wer dies tut, der wird auch erkennen, dass das eigene Leben, nicht nur eine Vergangenheit, sondern immer auch eine Gegenwart und Zukunft hat. Wer sich jetzt auf den Weg ins Leben machen will, der hat in Anerkennung des oben Beschriebenen gut abzuwägen, bevor er Entscheidungen trifft.

Wird die Entscheidung aufgrund von inneren Realitäten, falscher Identität oder Vermeidung getroffen? Ist die Entscheidung wesentlich? Nur dann hat sie Substanz. Nur wenn sie aus dem Wesen getroffen wird, wenn sie die Substanz des Wesens besitzt, kann eine Entscheidung auch tragfähig bleiben.

Genau dasselbe gilt auch, wenn Entscheidungen vermieden werden, wo sie eigentlich dringend notwendig wären. Der Weg zu sich selbst ist immer eine Entscheidung – eine Entscheidung, mit der Konsequenzen verbunden sind. Viele Menschen brechen den Weg zu sich selbst ab, weil sie damit verbundene notwendige Entscheidungen, die es zu treffen gilt, scheuen. Dabei merken Sie es erst viel später, dass auch Nicht-Entscheidungen zu Konsequenzen führen.

Keine Entscheidung zu treffen, wo eine Entscheidung notwendig ist – gerade wenn die Nicht-Entscheidung das Verharren in unwesentlichen Strukturen und Bedingungen bedeutet –, hinterlässt ebenfalls Spuren im Leben eines Menschen und nicht selten deutlich tiefere und schmerzhaftere als eine Entscheidung zum Wesentlichen hin.

Der Weg zu sich selbst und ins Leben kann nur gelingen, wenn er auch tatsächlich gegangen wird

„Leben Sie Ihren Traum oder träumen Sie Ihr Leben?"

Kennen Sie die Geschichte vom Kristallwarenhändler aus dem Buch *Der Alchemist* von Paulo Coelho?

Sie handelt von einem jungen Mann, der von einem Schatz geträumt und sich auf die Suche danach gemacht hat. Einmal musste er eine Pause einlegen, um sich Geld für die Weiterreise zu verdienen. Er fand eine Anstellung bei einem Kristallwarenhändler, wo er ein Jahr blieb, so lange, bis er genügend Geld zusammengespart hatte, um seine Reise fortsetzen zu können.

„Am letzten Abend vor seiner Abreise saßen der Jüngling und der Kristallhändler unter dem sternenklaren Nachthimmel und nachdem die beiden eine Weile lang geschwiegen und ein wenig von dem guten Wein genossen hatten, fragte der Jüngling: „Und wann wirst du deinen Traum erfüllen und nach Mekka pilgern?" Der alte Mann schwieg einen Moment und dann antwortete er: „Ich werde nicht nach Mekka pilgern."
„Aber warum das nicht?", fragte der Jüngling erstaunt. „Als ich dich vor einem Jahr aufsuchte, klagtest du, wie gerne du dir deinen Traum erfüllen würdest, aber dass dir leider das Geld fehle, da dein Geschäft so schlecht liefe. Und nun sieh, was wir erreicht haben. Dein Geschäft floriert. Wir haben beide genug Geld, um unsere Träume zu erfüllen."
Daraufhin antwortete der alte Mann: „Ich weiß, mein Geschäft lief noch nie so gut wie jetzt. Ich könnte wahrscheinlich dreimal nach Mekka pilgern, aber dennoch werde ich es nicht tun." Und als er den fragenden Blick des Jünglings auf sich ruhen spürte, sagte er: „Es gibt einen Unterschied zwischen uns: Du bist jemand, der lebt, um seinen Traum zu leben, und ich", sagte er und hielt einen Moment inne, „ich bin jemand, der sein Leben träumt."

Sich selbst zu leben, tatsächlich zu leben – bleibt für viele nur ein Traum. Er bleibt für viele ein Traum, weil nur wenige bereit sind, sich auch tatsächlich auf den Weg zu machen. Die meisten bleiben entweder auf halber Strecke stehen oder träumen ihr ganzes Leben lang davon. Sie träumen ihr ganzes Leben lang davon, endlich sie selbst sein zu können, malen es sich in den schönsten Farben aus, während sie sich heimlich und unbemerkt immer mehr aus dem Leben verabschieden und sich in den Strukturen einrichten, die sie eigentlich verlassen wollen.

„Das Leben geht weiter, aber ich komme nicht voran", klagte ein Mann Mitte 30, der aufgrund eines Burnouts in die Beratung kam. „Ich erledige meinen Job, der nichts für mich ist, habe meine privaten Kontakte, treffe mich mal hier und mal da mit Frauen, aber wenn ich darüber nachdenke, was bleibt, ist da nichts. Aber wo soll ich anfangen, etwas zu ändern? So schlecht geht es mir nun auch wieder nicht."

„Letztendlich geht es mir doch wirklich gut", sagte ein kurz vor dem Burnout stehender Geschäftsmann, der immer wieder seine fehlende Zeit beklagte. „Ich gehöre zu den zehn Prozent der Bestverdiener in Deutschland, was will ich mich beklagen?"

„Ich weiß, ich müsste mich eigentlich mit meiner Partnerschaft auseinandersetzen und eine Einstellung dazu finden, aber zuerst muss ich die Sache mit dem Job regeln, und dann kann ich mir Gedanken über meine familiäre Situation machen", sagte ein Geschäftsführer, der, wenn er von seiner Frau sprach, diese immer wieder „seine Schwester" nannte.

„Ob ich bereit bin, mir wirklich die Frage zu stellen, wo ich in acht Jahren stehe, wenn ich so weitermache wie jetzt? Wahrscheinlich nicht – wahrscheinlich würde ich bei der Antwort mehr oder weniger zusammenbrechen. Aber was soll ich tun? So einfach meinen Job wechseln? Wissen Sie, ich halte es da wie mein Vater, der hat auch immer gesagt, es läuft sich schon alles zurecht – und es hat sich auch zurechtgelaufen. Immer. Irgendwie", sagte ein 40-jähriger Manager, der aufgrund einer Herz-Kreislauf-Symptomatik in die Behandlung kam und darüber klagte, dass er einen Job habe, der ihm so gar nicht entsprechen würde.

„Ob ich mich ändern will? Natürlich will ich mich ändern. Glauben Sie, mir gefällt mein Leben so, wie es jetzt ist? Diese ganze Fremdbestimmtheit, der man tagtäglich in meiner Position unterliegt? Was meinen Sie, was ich dafür geben würde, endlich mal einfach ich selbst sein zu können?! Ich weiß nur nicht, wie. Und vor allem will ich nicht, dass ich am Ende auf der Straße sitze, neben mir liegt mein Hund, (der Einzige, der mir noch geblieben ist) und vor mir eine umgedrehte Mütze", sagte ein Anwalt.

„Irgendwann, wenn die Kinder groß sind und das Unternehmen im sicheren Hafen ist, dann kann ich mir Zeit nehmen, darüber nachzudenken, ob ich das eigentlich tatsächlich bin, was ich da tue. Wer weiß, vielleicht verkaufe ich dann alles und fang nochmal ganz von vorne an", sagte ein Unternehmer.

Der zu sein, der man ist, erfordert Mut

„Wer zu sich finden will, der muss sein Leben nicht zwangsläufig aufgeben, aber er wird es infrage stellen müssen. Konsequent. In der Bereitschaft, sich von der Illusion zu verabschieden."

Die Suche nach der eigenen wahren Identität scheitert sehr häufig daran, dass Menschen gleichzeitig an dem, von dem sie irgendwo spüren, dass es eigentlich nicht (mehr) stimmt, um jeden Preis festhalten müssen. Auch wenn viele nicht glücklich sind, so fühlen sie sich vermeintlich sicher - sicher in dem Bekannten und Gewohnten. Die Angst ist zu groß, das Bekannte für das Unbekannte zu verlassen, in dem fehlenden Wissen, was echtes Glück eigentlich heißt und was für ein Glück wahre Identität bedeutet. Was für ein Glück es ist, wirklich zu leben ... Dies führt dazu, dass keine wirkliche Infragestellung des eigenen Lebens möglich ist. Entweder werden bestimmte Bereiche ausgespart oder bestimmte Fragen sind ganz tabu oder werden durch eine vorweggenommene Bedingung nicht wirklich zugelassen: „Ich bin bereit, meine Partnerschaft zu reflektieren, aber ich darf mich nicht trennen." – „Ich bin bereit mir meine berufliche Situation anzuschauen, aber ich muss meine Position behalten, weil ich mein Haus abbezahlen muss." – „Ich bin bereit, mir alle Fragen zu stellen, aber es darf nicht herauskommen, dass ..."

Wer sich finden will, der kann dies nur, wenn er sich auch auf die Suche nach sich macht und bereit ist, sich und sein Leben ehrlich auf Substanz zu überprüfen – ohne Bedingung und ohne die Antwort schon vorwegzunehmen. Der zu werden, der man ist, heißt, sich die Frage nach Wahrheit und nach Illusion zu stellen. Nach Wesentlichem und Unwesentlichem. Es heißt, sich auf den Weg zu machen und Entscheidungen zu treffen, dort, wo Entscheidungen notwendig sind. Entscheidungen für ein wesentliches Leben. Dies bedeutet, bereit zu sein, in die Veränderung zu gehen. Ob Veränderung bedeutet, dass Sie die Situation verändern oder Sie sich von der Situation trennen – dies können nur Sie entscheiden. Das Herausfinden von „Das bin ich aber gar nicht" heißt immer Veränderung – aber nicht zwangsläufig Trennung. Es stellt die Frage nach den wesentlichen Möglichkeiten in den herrschenden Konstellationen. Es hinterfragt, ob in diesem gegebenen Rahmen die Möglichkeit besteht, zu dem zu werden, der man ist, ob genügend äußere Substanz, genügend wesentliche Bedingungen zu finden oder zu entwickeln sind, um sich und seine wahre Identität leben zu können. Nur Sie können wissen, welche Konsequenzen Sie zu ziehen haben. Finden Sie heraus welche diese sind. Sie sind frei in dem, was Sie tun. Bedenken Sie nur: Solange Sie in Situationen verharren und an Situationen festhalten, die Ihrem Wesen widersprechen, so lange werden Sie auf dem Weg zu sich selbst nicht wirklich vorankommen. Solange Sie sich im Außen vor der Wahrheit scheuen, so lange werden Sie auch Ihre innere Wahrheit nicht wirklich finden.

Wer nicht vertraut, der kann nur schwer Abschied nehmen. Sich von etwas zu trennen, können diejenigen, die dem Leben vertrauen.

Sind Sie bereit?
Wenn Sie sich auf den Weg zu sich selbst machen, gilt es, sich von all dem zu verabschieden, was nicht (mehr) ist und das wesentlich Mögliche zu suchen. Sind Sie bereit dazu? Besitzen Sie den Mut und die Stärke, sich auf den Weg zu machen und für das einzutreten, wer Sie sind? Sind Sie bereit zum Verzicht und die Grenzen, die das Leben Ihnen setzt, zu akzeptieren? Besitzen Sie die Demut, Ihr Leben in seinen Möglichkeiten anzunehmen? Oder unterliegen Sie dem Größenwahn, dass für Sie alles möglich sein muss, was Sie wollen? Leben kann nur, wer im Leben bleibt und mit dem Leben geht. Überlegen Sie vor diesem Hintergrund, in welchen Situationen Sie in Ihrem Leben verharren. Was beklagen Sie in Ihrem Leben? Wo haben Sie sich eingerichtet? Woran halten Sie (wider besseren Wissens) fest? Wenn Sie erkennen, dass Sie an etwas festhalten, das (längst) nicht (mehr) (möglich) ist, überlegen Sie einmal in Ruhe, worin dies begründet ist. Denken Sie daran: Abschied zu nehmen setzt voraus, die Identität in sich selbst zu finden. Es setzt voraus, dass Sie dem Leben beginnen zu vertrauen und über die Fähigkeit verfügen, Wirklichkeit und Möglichkeit zu erkennen, wissend, dass diese nicht immer mit dem eigenen Willen gleichzusetzen sind. Finden Sie heraus, wovon es für Sie gilt, Abschied zu nehmen, um zurück ins Leben zu finden.

Abschied oder Verdrängung?
„Woran erkenne ich eigentlich, ob ich mich tatsächlich verabschiedet oder die Sache doch nur verdrängt habe?“, fragen immer wieder Menschen auf dem Weg zu sich selbst. Sollte es Ihnen ähnlich ergehen und Sie sich ebenfalls fragen, ob Sie sich etwas vormachen, so überlegen Sie doch einmal, ob diese Frage nicht selbst schon die Antwort in sich birgt. Würden Sie die Frage auch dann noch stellen, wenn Sie sich tatsächlich verabschiedet und die Sache abgeschlossen hätten?

Angst zu sehen, wer ich bin

„In der Selbsterkenntnis liegt die Kraft für Veränderung."

„Ich habe richtig Angst zu sehen, wie kaputt ich bin", sagte ein erfolgreicher Geschäftsführer, der sich aufgrund von inneren Realitäten trotz hohen beruflichen und finanziellen Erfolgs über sein eigenes Fehlen in seinem Leben immer mehr erschöpft hatte. „Ich habe richtig Angst zu sehen, wie beziehungsgestört ich bin", sagte eine Mutter von zwei Kindern, deren Ehe durch den Verlust der Partnerschaft über die Elternschaft nur noch funktionsgemäß aufrechterhalten wurde. Die Angst, den Blick auf sich zu richten und die eigenen Trümmer in sich zu spüren, zu erkennen, dass man möglicherweise viel mehr falsche als echte Identität in sich trägt, ist sehr verständlich. Sie kann geradezu lähmen und die Betroffenen in Panik versetzen. Ich möchte an dieser Stelle jedoch jeden ermutigen, der diese Ängste in sich spürt, sich dadurch in seinem begonnenen Weg nicht verunsichern zu lassen. Allein dass Sie dazu in der Lage sind, sich in Ihrem Ausmaß zu erkennen, zeigt, dass Sie mehr als das sind, was Sie nun mit Erschrecken sehen, es zeigt, dass Sie genug Identität und Ichstärke besitzen, genügend Halt in sich finden, sich auch die Schattenseiten anzuschauen. Diejenigen, die sich ehrlich auf den Weg zu sich selbst machen, gelangen früher oder später an diesen Punkt des Erschreckens, es ist der Moment, an dem Ihre wahre Identität wieder zum Vorschein kommt und Ihnen hilft, sich zu erkennen. Vor diesem Hintergrund sollten Sie also keine Energie in die Angst stecken, sondern das, was Sie nun erkennen, als Chance sehen. Denn nur wenn Sie erkennen, was ist, können Sie auch handeln. Nehmen Sie die inneren Realitäten zur Kenntnis und beginnen jeder einzelnen, Schritt für Schritt, auf die Spur zu kommen, um ihr ein Gegenüber bieten zu können.

Abschied und Vergebung

„Solange wir mit uns oder anderen hadern, finden wir weder zu uns noch zu unserem Leben. Leben ist immer im Jetzt zu finden und nicht dort, wo es einmal war.“

Zu sich und zu seiner wahren Identität finden kann nur, wer auch bereit ist zu verzeihen. Der zu sein, der man ist, heißt, bereit zu sein, denjenigen zu verzeihen, die in den ersten Lebensjahren nicht für eine wesentliche Atmosphäre gesorgt haben, zu Unrecht und zum Schaden der eigenen Person, bereit zu sein, all denjenigen zu verzeihen, die für weitere Lebenswunden und Verletzungen gesorgt haben, die das eigene Leben manchmal vielleicht auch unmöglich und einen selbst zu dem haben werden lassen, der man *nicht* ist. Es heißt, mit offenen Augen die eigenen Wunden zu sehen und seinen eigenen Schmerz anerkennen, anstatt sich davor zu verschließen. Bereit sein zu verzeihen und zu verzichten, sowohl auf Wiedergutmachung als auch auf Anerkennung und den Anspruch, Leben müsse stets gerecht sein.

Dies gilt auch für die eigene Person. Der zu werden, der man ist, bedeutet, nicht nur anderen, sondern vor allem auch sich selbst zu vergeben. Sich selbst zu vergeben, dass man nicht der war, der man war, dass man so gefehlt hat in seinem Leben, sich verlassen und „verraten“ hat. Bereit sein, sich seine Fehler und Fehlentscheidungen zu vergeben, mit denen man nicht nur sich, sondern auch andere verletzt hat. Der zu werden, der man ist, heißt anzuerkennen, was ist – auch sich selbst. Sehend anzuerkennen, wie man war, als man noch nicht war. Es heißt, nicht nur anderen auf Augenhöhe zu begegnen, sondern auch sich selbst – mit all seinen hellen und dunklen Seiten, mit seinen Stärken und Schwächen.

Nur wer sich selbst mit all dem, was durch ihn war und was nicht, in die Augen sehen kann, der wird auch der Welt auf Augenhöhe begegnen und aufrecht mitten in ihr leben können.

6. Kapitel

Ausblick

Jeder ist gefragt

Je unwesentlicher die Atmosphäre, in der wir unsere Kinder aufwachsen lassen, umso unmündiger wird die Gesellschaft werden.

Sich seiner ersten Prägungen und der damit verbundenen inneren Realitäten bewusst zu werden, ist also nicht nur für den Weg zu sich selbst von entscheidender Bedeutung, sondern auch für die Welt, in der wir miteinander leben wollen.

So sehr unsere Gesellschaft dabei ist zu verbrennen, so sehr sich immer mehr Menschen in unmenschlichen Strukturen aufreiben und immer orientierungsloser werden, so sehr verkennen die meisten, wie sehr das eigene Erschöpfen häufig seinen Ursprung in den ersten Lebensjahren hat. Haben Sie sich einmal gefragt, wie viele von uns aufgrund Ihrer Prägungen blockiert sind, wie viele von uns aufgrund falscher Selbstverständnisse ihre Energien verpulvern und nicht wirklich „zum Zug" kommen? Nicht zum Zug kommen, weil sie „ihren Gummistiefeln" hinterherlaufen, in der Überzeugung, es handele sich um ihre Wahrheit und ihr Leben?

Wie viele würden ein gänzlich anderes Leben ergreifen, wenn sie die Blockade der inneren Realitäten lösen würden? Wie selbstverständlich könnten notwendige Grenzen gezogen und ein wesentliches Leben gelebt werden, wenn es möglich wäre, sich von den verinnerlichten Eltern zu befreien? Die Welt ist voll von Burnout-Ratgebern, Lebensratschlägen und Handlungsanweisungen, doch der Punkt der eigenen Herkunft findet kaum Erwähnung.

Zwar möchte jeder gerne er selbst sein – aber verkennt dabei, dass dies erst dann möglich ist, wenn wir wissen, woher wir stammen.

Erst wenn wir uns unserer Herkunft bewusst sind, können wir die entscheidende Frage nach der wahren eigenen Identität stellen. Wir können nicht zu uns finden, wenn wir nicht wissen, wo wir herkommen. Wir können nicht erkennen, wer wir sind, wenn wir nicht in der Lage sind zu erkennen, wer wir nicht sind.

Unsere Prägungen werden uns häufig erst dann bewusst, wenn

wir unter ihnen leiden. Das, womit wir scheinbar zurechtkommen, halten wir zunächst für selbstverständlich und stellen es nicht infrage – im Gegenteil, meistens sind wir sogar zutiefst davon überzeugt, dass dies das Richtige für uns ist.

Wir leben nach wie vor in einer Zeit, in der trotz des äußeren Fortschritts die eigene Infragestellung, die eigene Persönlichkeitsentwicklung für viele allenfalls am Rande eine Rolle spielt. Noch immer überwiegt tragischerweise die Realität, dass wir erst krank werden müssen, um zu erkennen, dass etwas nicht stimmt. Dass wir ein Leben fern von uns selbst gelebt haben. Dass wir, obwohl längst erwachsen, unmündig unseren verinnerlichten Eltern folgen und am Ende nichts anderes als ein gesellschaftliches Blatt im Wind sind, das sich je nach Strömung in die eine oder andere Richtung wehen lässt. Müssen wir tatsächlich erst krank werden, um zu erkennen, wie viel unnötige Konflikte wir, beruflich wie privat, an unnötigen Stellen führen, weil wir blind unseren inneren Realitäten unterworfen sind? Wollen wir weiterhin erst dann beginnen, uns zu hinterfragen, wenn unser Körper und unsere Psyche uns dazu zwingen? Brauchen wir weiterhin erst das Leid, um unser Tun zu hinterfragen und die Bereitschaft aufzubringen, uns zu verändern?

Der Weg aus der Erschöpfung und hin zu sich selbst ist immer auch die Frage nach dem Grundsätzlichen. Nach einer grundsätzlichen Haltung, die Sie sich und dem Leben gegenüber einnehmen wollen. Meiner Ansicht nach kann dieser Weg nur dann wirklich erfolgreich gegangen werden, wenn wir aufhören, Krankheit als Maßstab dafür zu nehmen, dass etwas nicht stimmt, sondern von Beginn an den Maßstab in unserem eigenen Wesen suchen.

Erst wenn es möglich wird, ein Gespür für sich selbst zu entwickeln, ein Gespür für das eigene Wesentliche, ein Gespür, das fernab von Krankheit zeigt, dass wir beginnen, uns von uns zu entfernen – weit bevor wir aus dem Gleichgewicht geraten sind –, erst dann wird wirkliche Gesundheit und tatsächliches Leben möglich sein.

Können Sie sich so etwas für sich vorstellen? Können Sie sich vorstellen, dass Sie aufhören, erst aufgrund von Krankheitssymptomen innezuhalten und sich die Frage nach den vermeintlichen „eigenen“ Wahrheiten zu stellen, sondern dass Sie von jetzt an bereit sind, die Frage nach dem, was ist, und damit auch nach Ihren Prägungen und Ihren inneren Realitäten als Selbstverständlichkeit zu betrachten?

Der Weg aus der Erschöpfung zurück zu sich selbst ist jedoch nicht nur eine Frage der grundsätzlichen Haltung sich selbst gegenüber, sondern es ist auch immer eine Frage der eigenen gesellschaftlichen Haltung und eine Frage von gesellschaftlicher Verantwortung.

Haben Sie sich einmal überlegt, was es für unsere Gesellschaft, die sich auf allen Ebenen immer mehr selbst verbrennt, bedeuten würde, wenn nicht nur diejenigen beginnen, sich in ihren Prägungen zu hinterfragen, die dadurch krank geworden sind, sondern jeder von uns? Jeder von uns und vor allem diejenigen, die in unserer Gesellschaft führende Positionen einnehmen? Was dies für das Thema Verantwortung und Beziehung, für das soziale Miteinander, für Innovation und Weiterentwicklung bedeuten würde? Wenn wir führende Persönlichkeiten hätten, bei denen wir sicher sein können, dass ihnen ihre wahre Identität bewusst ist; Menschen, die nicht in inneren Realitäten gefangen sind, die sie im Außen als Wahrheit verkaufen. Führende Persönlichkeiten, die ihren Wert und damit auch die Welt im Wesentlichen erkennen.

Verhindern wir nicht gerade dadurch entscheidende Schritte für unser menschliches, politisches, wirtschaftliches und persönliches Miteinander, weil wir zum größten Teil in inneren Welten unmündig verhaftet sind, die wir für unsere eigenen halten? In inneren Realitäten, die wir als zum Teil dogmatische Wahrheit auf die äußere Welt projizieren und die wir erst dann bereit sind zu hinterfragen, wenn wir kurz vor dem Zusammenbruch stehen? Die Kenntnis der eigenen Prägung und der damit verbundenen inneren Realitäten ist eine Grundfrage, die sich jeder zu stellen hat, der zu sich finden will. Eine Frage, die jeder für sich beantworten können muss, der sein Leben und seine Gesundheit nicht nur dem glücklichen Zufall oder der Hoffnung überlassen will, sondern der auf der Suche nach wahrer Selbstbestimmung und seiner Identität ist.

Ich bin kürzlich gefragt worden, ob die Suche nach sich selbst und dem inneren Dialog nicht eine Luxusfrage sei. Was denn mit der „Kassiererin von nebenan" oder der alleinerziehenden Mutter sei. Ob diese in ihrem Leben nicht ganz andere Probleme hätten.

Was hätten Sie an meiner Stelle darauf geantwortet? Jetzt, am Ende dieses Buches? Ist Identität Ihrer Ansicht nach eine Frage von gesellschaftlicher Zugehörigkeit? Eine Frage nach Lebenssituationen?

Ich persönlich kann die Frage nach Luxus verstehen. Ich kann verstehen, dass sich diese Frage so lange stellt, wie man Identität nicht als Lebensnotwendigkeit erkennt.

So lange, wie man die Grundrechte des Menschen nicht wirklich vertritt oder sie in ihrer Konsequenz nicht gänzlich erkennt. Denn wie können wir frei sein, wenn wir unsere Identität nicht kennen? Wie ein würdiges Leben führen, wenn wir nicht dazu in der Lage sind, uns und der Welt auf Augenhöhe zu begegnen?

Wer nicht erkennt, dass der Dialog mit sich selbst Voraussetzung für den Dialog im Außen ist, wer nicht erkennt, dass Minderwertigkeit durch fehlende Identität entsteht und Ohnmacht und Hilflosigkeit nach sich zieht, wer übersieht, dass diese immer aggressiv oder depressiv machen, wer ignoriert, was für gesellschaftliche, soziale wie politische Konsequenzen auf der Grundlage von Ohnmacht und falschen Identitäten bereits entstanden sind und nach wie vor entstehen, der wird weiterfragen, ob die Frage nach Identität nicht eine Luxusfrage ist. Identität ist nichts anderes als das Erkennen und leben von Wahrheit, von eigener Substanz und der Substanz des Lebens. Haben wir uns nicht alle mit den Grenzen des Lebens und mit den eigenen Grenzen auseinanderzusetzen?

Ich hoffe sehr, dass ich Ihnen in diesem Buch einige Impulse vermitteln konnte, die Sie für sich als hilfreich erlebt und Sie ein Stück näher zu sich selbst gebracht haben.

Auch wenn der Weg zu sich selbst immer ein individueller ist, so gibt es doch Momente und Punkte, die sich bei vielen, die ihn beschreiten, ähneln. Vielleicht ist es mir gelungen, Ihnen einige davon aufzuzeigen. Ich hoffe, Sie erreicht und ermutigt zu haben, diesen Weg zu gehen und sich dem zu stellen, was ist, in dem tiefen Vertrauen, dass Sie selbst das Beste sind, was Ihnen geschehen kann. Sie selbst sind Ihr größtes Gut und Ihr größtes Geschenk. Sie sind Ihr größter Wert. Vergessen Sie dies nicht.

Gleichgültig, wie alt Sie sind und wo Sie stehen, unabhängig, wie tief unten oder wie hoch oben Sie sich wähnen – finden Sie Ihre Substanz und beginnen Sie zu leben. Glauben Sie an sich und treten Sie für sich ein. Nutzen Sie das Leben, das noch vor Ihnen liegt. Es wäre so schade, wenn Sie Ihre Möglichkeiten verstreichen ließen, wenn Sie in Ihrem Leben Gefangener Ihrer inneren Realitäten blieben oder sich von äußeren unmenschlichen Bedingungen unterdrücken ließen. Wenn Sie am Ende Ihres Lebens nicht zurückblicken und sagen könnten: Das war ich – ich habe gelebt.

Ich wünsche Ihnen, dass Sie diesen Weg weitergehen – und dass Sie sich immer mehr finden. Vielleicht können Sie dann irgendwann auch beginnen, dafür zu sorgen, dass die Welt an sich ein Stück wesentlicher wird. Ein Stück wesentlicher, indem Sie Ihren Beitrag leisten, wie auch immer er aussehen mag, als ein selbstverständlicher Ausdruck Ihrer Identität. In dem Wissen, dass nur in einer wesentlichen Welt wesentliches Leben möglich ist.

Wissen Sie, was ich auf die Frage nach Identität und Luxus geantwortet habe?

Ich habe geantwortet: „Identität ist kein Luxusproblem, sondern Identität ist eine menschliche Notwendigkeit, für jeden von uns – unabhängig davon, in welcher Gesellschaftsschicht er lebt, unabhängig davon, in welcher Lebenssituation er sich befindet. Identität ist Voraussetzung für Leben."

Sollte irgendjemand von uns etwa kein Recht auf Leben haben?

Dr. med. Mirriam Prieß

Burnout kommt nicht nur von Stress

**Warum wir wirklich ausbrennen –
und wie wir zu uns selbst zurückfinden**

176 Seiten | einfarbig | Hardcover mit Schutzumschlag

Dass Menschen, die ausgebrannt sind, überlastet sind, ist unbestritten. Was führt jedoch zu dieser Überlastung? Worüber erschöpfen wir uns tatsächlich? Das Buch zeigt, dass bisher angenommene Ursachen von Burnout in Wahrheit nur Symptome sind. Erstmalig wird deutlich gemacht, dass der Aspekt von Beziehung bei Burnout-Erkrankungen die entscheidende Rolle spielt: die Beziehung zu sich selbst und die Beziehung zur Umwelt. Menschen brennen aus, weil sie den Dialog zu sich verloren haben und in konfliktreichen Beziehungen zu ihrem Umfeld stehen.

Burnout ist kein Ausdruck von Schwäche. Es ist der gesunde Selbstregulationsversuch eines Menschen, der ein Leben lebt, das seiner Identität nicht entspricht. Basierend auf langjähriger Behandlungserfahrung mit Burnout-Patienten erklärt die Ärztin und Psychotherapeutin bisher noch nicht dagewesene Zusammenhänge dieser Volkskrankheit, die nun deutlich machen, warum die Erkrankungsrate weiter zunimmt, warum viele Betroffene sich nicht mehr erholen und warum so viele Behandlungen scheitern. Dabei muss dies nicht sein. Wenn bestimmte Mechanismen verstanden werden und ein Umdenken von Umfeld und Betroffenen stattfindet, kann jeder gesund und leistungsfähig bleiben oder wieder werden.

„Auf sich selbst und die eigenen Gefühle hören, mit sich selbst in Kontakt treten – das nenne ich die ‚innere Dialogfähigkeit'. Jemand, der das nicht tut, hat seinen Selbstschutz verloren. Er ist wie eine tickende Zeitbombe – für sich selbst und seine Umwelt."

„Mir sind noch keine Menschen begegnet, die sich bewusst entschieden haben, gegen ihre eigene Identität zu leben – gleichwohl aber viele, die Letzteres tatsächlich taten. Erst viel später konnten sie die unbewussten Zusammenhänge entlarven, die dazu geführt hatten, zu meinen, es sei ‚das Beste, nicht man selbst zu sein'."

„Solange es um Schuld geht, so lange kann Heilung nicht geschehen. Schuldzuweisungen, weder in die eigene noch in die andere Richtung, führen nicht zu Gesundheit – im Gegenteil. Es geht nicht um Schuld, sondern es geht um Verantwortung ... Wer dies erkennt, der wird frei."

www.suedwest-verlag.de

südwest

Impressum

2. Auflage 2014

Das Zitat auf Seite 1 wurde entnommen aus: Hermann Hesse: Demian. Die Geschichte von Emil Sinclairs Jugend (Berlin: Suhrkamp Verlag 1974).

Projektleitung
Andrei-Sorin Teusianu

Redaktion
Andreas Klatt

Korrektorat
Susanne Schneider

Satz/DTP
Christoph Dirkes · mediathletic bild + design, Neuenkirchen
www. mediathletic. com

Umschlagsgestaltung
*zeichenpool, München, unter Verwendung eines Motivs von Shutterstock

Druck und Bindung
GGP Media GmbH, Pößneck
Printed in Germany

FSC www.fsc.org MIX Papier aus verantwortungsvollen Quellen FSC® C014496

Das für dieses Buch verwendete FSC®-zertifizierte Papier
Munken Premium liefert Arctic Paper Munkedals AB, Schweden.

ISBN 978-3-517-09249-2